VOCABULÁRIO DE
IMMANUEL KANT

VOCABULÁRIO DE IMMANUEL KANT

Jean-Marie Vaysse

Tradução
CLAUDIA BERLINER
Revisão técnica
MAURÍCIO KEINERT

wmf **martinsfontes**

SÃO PAULO 2017

Esta obra foi publicada originalmente em francês com o título
LE VOCABULAIRE DE EMMANUEL KANT
por Les Éditions Ellipses
Copyright © Ellipses Éditons – Marketing S.A., França
Copyright © 2012, Editora WMF Martins Fontes Ltda.,
São Paulo, para a presente edição.

1ª edição 2012
2ª tiragem 2017

Tradução
CLAUDIA BERLINER

Revisão técnica
Maurício Keinert
Acompanhamento editorial
Luzia Aparecida dos Santos
Revisões gráficas
Helena Guimarães Bittencourt
Renato da Rocha Carlos
Edição de arte
Katia Harumi Terasaka
Produção gráfica
Geraldo Alves
Paginação
Moacir Katsumi Matsusaki

Dados Internacionais de Catalogação na Publicação (CIP)
(Câmara Brasileira do Livro, SP, Brasil)

Vaysse, Jean-Marie, 1950-2011.
  Vocabulário de Immanuel Kant / Jean-Marie Vaysse ; tradução Claudia Berliner. – São Paulo : Editora WMF Martins Fontes, 2012. – (Coleção Vocabulário dos filósofos)

  Título original: Le vocabulaire de Emmanuel Kant
  ISBN 978-85-7827-495-5

  1. Kant, Immanuel, 1724-1840 – Vocabulários, glossários, etc. I. Título. II. Série.

11-13131   CDD-193

Índice para catálogo sistemático:
1. Kant : Vocabulários : Filosofia alemã   193

Todos os direitos desta edição reservados à
Editora WMF Martins Fontes Ltda.
Rua Prof. Laerte Ramos de Carvalho, 133 01325.030 São Paulo SP Brasil
Tel. (11) 3293.8150 Fax (11) 3101.1042
e-mail: info@wmfmartinsfontes.com.br http://www.wmfmartinsfontes.com.br

Toda grande filosofia é invenção de conceitos e clarificação de noções usuais visando dar "um sentido mais puro às palavras da tribo". Portanto, sejam as palavras de Kant termos técnicos e escolásticos (transcendental, esquema) ou palavras usuais (sentimento, vontade), elas são em todo caso palavras desgastadas, por serem utilizadas e desvalorizadas tanto pelo uso corrente como pela tradição, ambos esquecidos a seu modo da proveniência delas. Quer se trate de palavras comuns ou de termos técnicos, a filosofia devolve sentido ao que a língua comum e a tradição escolástica esqueceram quando as congelaram numa pseudoevidência. No retorno ao originário, o mestre de Königsberg não busca a originalidade. Suas palavras têm força legiferante e fazem dele o "escolarca" de uma época. Não se contentar com palavras vãs é suportar a paciência do conceito num trabalho com a língua visando encontrar a palavra justa.

Logo, entender Kant é conhecer seu vocabulário, pois a precisão terminológica é igualmente uma suspeita em relação à língua, admitindo-se que a língua da intuição intelectual nos seja recusada. Por isso é que a crítica da razão é também uma crítica da língua, tanto da usual como da culta, fazendo-as atuar reciprocamente uma contra a outra. Ora palavras da Escola são retomadas para clarificar noções populares, ora palavras da língua comum são empregadas para lançar uma nova luz sobre o que a língua culta obscureceu. Daí o vaivém entre o latim e o alemão: Kant pensa no cruzamento dessas duas línguas. Lamentando que a filosofia transcendental fosse pouco acessível, redigiu contudo textos de "filosofia popular". A. Philonenko observa que a *Crítica da razão pura* e a *Crítica da razão prática* foram pensadas em latim e escritas em alemão, acrescentando que somente a *Crítica da faculdade de julgar* foi realmente pensada e escrita em alemão, e que talvez se trate do primeiro grande livro da filosofia alemã[1].

Entre o latim escolar e o alemão popular, cumpre fazer trabalhar uma língua que deve ser conquistada como língua natural preponderando sobre a língua formal, sobre uma Característica ou *Begriffschrift*, as quais cumpre substituir por uma terminologia, por um vocabulário filosófico. Kant formulou esse problema em toda a sua acuidade em 1763 na sua *Investigação sobre a evidência dos princípios da teologia natural e da moral*, empenhando-se para demarcar a escritura filosófica da escritura matemática opondo à apresentação matemática, que se dá por signos e em que a definição fornece sem reservas o objeto na intuição, a apresentação filosófica, que tem de encontrar suas palavras diretamente na língua. Na verdade, "na filosofia em geral e na metafísica em particular, a significação das palavras provêm do uso da língua, exceto no caso em que essa significação foi determinada de maneira mais precisa por uma restrição lógica" (AK[2] II, 285, P1, p. 228). Rejeitando a ideia leibniziana de uma álgebra do pensamento, Kant também sabe que a filosofia não é a língua dos deuses, mas a língua daquele que ele chama, dirigindo-se a Hamann, "um pobre filho da terra". Reconhece que, embora acredite ter conseguido dar ao seu leitor a clareza discursiva por conceitos, não alcançou a clareza estética por intuições, pois esse esclarecimento sobrecarregaria a obra[3]. Embora a língua crítica se obtenha no claro-escuro do discursivo e do intuitivo, o abade Terrasson nos consola quando afirma que, "se medirmos a grossura de um livro não pelo número de páginas, mas pelo tempo que se precisa para compreendê-lo, poderíamos dizer de muitos livros que eles seriam mais curtos se não fossem tão curtos"[4]. Pode-se então dizer com G. Granel que Kant "jamais

---

1. "Science et opinion dans la *Critique de la faculté de juger*". In *Sur la troisième Critique*, org. D. Janicaud, L'Éclat, Combas, 1994.
2. Ver lista das abreviações na p. 9.
3. *Crítica da razão pura*, Prefácio da 1ª edição, AK IV, 12, P1, p. 731.
4. *Ibid.*

produziu nada – mas que, bem melhor, ele simplesmente escreveu", concebendo a filosofia "como um trabalho na língua"[5]. Esse trabalho é o vocabulário de Kant.

---

[5]. G. Granel, "Remarques sur le *nihil privativum* en son sens kantien". In *Écrits logiques et politiques*, Paris, Galilée, 1990, pp. 163 ss.

ABREVIAÇÕES

No final de cada verbete, remetemos aos principais textos fornecendo as referências na *Akademieausgabe* (AK), seguidas das referências à tradução francesa na edição das *Œuvres philosophiques* em três volumes na Bibliothèque de la Pléiade, Paris, Gallimard (P1, P2, P3).

A	*Anthropologie d'un point de vue pragmatique*, AK VII, P3. [*Antropologia de um ponto de vista pragmático*]
CF	*Conflit des facultés*, AK VII, P3. [*Conflito das faculdades*]
CR	*Critique de la raison pure*, 1.ª edição (A) AK IV, P1; 2.ª edição (B) AK III, P1. [*Crítica da razão pura*]
Cr	*Critique de la raison pratique*, AK V, P2. [*Crítica da razão prática*]
CJ	*Critique de la faculté de juger*, AK V, P2. [*Crítica da faculdade de julgar*]
DD	*Doctrine du droit*, AK VI, P3. [*Doutrina do direito*]
FM	*Fondements de la métaphysique des moeurs*, AK IV, P2. [*Fundamentos da metafísica dos costumes*]
G	*Essai pour introduire en philosophie le concept de grandeurs négatives*, AK II, P1. [*Ensaio para introduzir em filosofia o conceito de grandezas negativas*]
IH	*Idée d'une histoire universelle au point de vue cosmopolitique*, AK VIII, P2. [*Ideia de uma história universal de um ponto de vista cosmopolita*]

L	*Réponse à la question: qu'est-ce que les Lumières?* AK VIII, P2. [*Resposta à pergunta: o que é o Iluminismo?*]
OP	*Opus postumum*, AK XXI-XXII (trad. Paris, PUF, Epiméthée, 1986).
PP	*Projet de paix perpétuelle*, AK VIII, P3. [*À paz perpétua*]
PPM	*Premiers principes métaphysiques de la science de la nature*, AK IV, P2. [*Primeiros princípios metafísicos da ciência da natureza*]
Pr	*Prolégomènes à toute métaphysique future qui pourra se présenter comme science*, AK IV, P2. [*Prolegômenos a toda metafísica futura que queira se apresentar como ciência*]
R	*La réligion dans les limites de la simple raison*, AK VI, P3. [*A religião nos limites da simples razão*]
TS	*Sur un ton supérieur nouvellement pris en philosophie*, AK VIII, P3. [*Sobre um tom superior recentemente erigido na filosofia*]

As noções essenciais aparecem em itálico e as que são objeto de um verbete, em negrito.

A priori
Fr.: *A priori*

* É dito *a priori* ou *puro* o que não deriva da experiência, por oposição a *a posteriori*, sinônimo de empírico. São *a priori* as formas da sensibilidade, tempo e espaço, que são as condições sob as quais a **sensibilidade** dá objetos à intuição, bem como os conceitos do **entendimento**, que são as regras que permitem pensar o objeto.

** O problema do *a priori* supõe uma teoria do juízo. Os *juízos analíticos* são juízos explicativos em que o predicado está contido no sujeito, ao passo que os *juízos sintéticos* são juízos extensivos e, portanto, *a posteriori*, em que o predicado traz algo que não está contido no sujeito. Kant descobre a existência de juízos concomitantemente sintéticos e *a priori*, extensivos mas não empíricos. Os juízos matemáticos e, por extensão, os juízos científicos são sintéticos e *a priori*. Portanto, contra Hume, pode-se conceber uma extensão não empírica do conhecimento, sem por isso reduzir as verdades racionais a tautologias, ao modo de Leibniz. Ainda que já não se apoie apenas no princípio de identidade, a matemática nem por isso é uma ciência experimental. Quanto à física, ela se apoia numa aplicação de conceitos puros ao campo da experiência.

*** A noção clássica de inato é substituída pela de *a priori* para fundamentar a objetividade. A revolução copernicana substitui a ideia de uma harmonia entre o sujeito e o objeto pela ideia de uma submissão necessária do objeto ao sujeito. Dizer que das coisas *a priori* só conhecemos aquilo que nós mesmos nelas pomos equivale a dizer que o sujeito humano é legislador e constitui a objetividade. Uma demonstração já não é uma simples recondução à identidade, mas uma construção ou legislação por puros conceitos submetida às condições de nossa receptividade. Portanto, a ciência só conhece fenômenos, ela é uma atividade propriamente humana e já não requer, como para o racionalismo clássico, um fundamento teológico.

(*CR*, (A) AK IV 17-18, Pl 761, (B) AK III 27-42, Pl 757-76).

Antinomia

Fr.: *Antinomie*

> * Se chamamos de *tético* um conjunto de doutrinas dogmáticas, o *antitético* é um conflito entre conhecimentos aparentemente dogmáticos, sem que possamos conceder nossa aprovação mais a um que a outro. O antitético transcendental é uma investigação sobre as causas e os resultados da antinomia da razão pura, que é um conflito da razão consigo mesma. As antinomias são produzidas pelas Ideias cosmológicas que se originam num silogismo hipotético e que nos fornecem a ideia de uma primeira hipótese numa relação de causalidade. Há ali um conflito entre dois enunciados necessários que se opõem como uma tese e uma antítese, cada qual se demonstrando pela refutação do outro.

> ** As teses das antinomias são racionalistas e exprimem a aspiração da razão a constituir uma totalidade, ao passo que as antíteses são empiristas e dão no ceticismo. As duas primeiras antinomias são ditas *matemáticas*, pois só têm sentido no homogêneo: segundo a quantidade, a tese propõe um começo do mundo no tempo e no espaço, ao passo que a antítese nega tal começo; segundo a qualidade, a tese afirma que a divisão culmina numa realidade simples, ao passo que a antítese afirma que a divisão prossegue até o infinito. Kant mostra que a tese e a antítese das antinomias matemáticas são ambas falsas, pois o conceito de mundo sobre o qual se apoiam é contraditório, porquanto concebido ao mesmo tempo como uma coisa em si e como um fenômeno espaçotemporal. A duas últimas antinomias são ditas *dinâmicas*, pois se situam no heterogêneo. A tese da terceira antinomia afirma a necessidade de uma causa livre, ao passo que a antítese afirma que toda causa é condicionada ao infinito. A tese da quarta propõe a existência de um ser necessário, ao passo que a antítese nega essa existência. A distinção fenômeno-coisa em si permite encontrar uma solução para as antinomias dinâmicas e permite dizer que a causalidade pode se aplicar aos fenômenos como causalidade determinada e à coisa em si como causalidade livre. Assim, um mesmo evento pode ocorrer no tempo e depender

do determinismo natural, procedendo simultaneamente de uma causalidade livre e intemporal.

***Se as teses das antinomias satisfazem a necessidade da razão tanto no seu **interesse** especulativo quanto prático, sustentando os fundamentos da religião e da moral, as antíteses, em contrapartida, a despeito de seu interesse especulativo superior ao do dogmatismo, absolutamente não satisfazem o interesse prático. Esse jogo de oposições evidencia a estrutura lógica da ilusão transcendental, que faz a razão pré-crítica oscilar entre dogmatismo e empirismo cético. Corresponde também à lógica da história da filosofia. E é o que permitirá a Fichte compreender a antinomia como a dos sistemas filosóficos e a Hegel dizer que Kant viu em que a contradição era imanente à racionalidade.

(*CR*, AK III 283-382, P1 1072-1192; *Cr*, AK V 113-9, P2 747-54; *CJ*, AK V 338-46, 385-95, P2 1126-35, 1178-90).

Antropologia

Fr.: *Anthropologie*

* Doutrina do conhecimento do homem tratada de maneira sistemática e que pode ou bem ser *fisiológica*, concernente ao que a natureza faz do homem, ou bem ser *pragmática*, concernente ao que o homem faz, pode ou deve fazer de si mesmo como ser livre.

** A antropologia pragmática é um conhecimento do homem como cidadão do mundo, mundo entendido não num sentido cosmológico, mas num sentido existencial. Cumpre também distinguir entre conhecer o mundo, ou seja, compreender o mundo do qual se é espectador, e dispor do uso do mundo, ou seja, entrar efetivamente no jogo do mundo. Há nisso três dificuldades: 1) quando se procura conhecê-lo, o homem se dissimula, 2) quando ele quer examinar a si próprio, não alcança um verdadeiro conhecimento, pois é perturbado por suas afeições, 3) as circunstâncias de tempo e de lugar produzem hábitos, tornando difícil um juízo sobre si bem como a ideia que se deve ter de um homem. Kant nos diz que a natureza particular da mulher é objeto da antropologia bem mais que a do homem, pois somente o processo de civilização permite que a mulher desenvolva o conjunto das qualidades que têm um papel civilizador essencial. Portanto, a mulher participa desse ardil da natureza que possibilita o desenvolvimento da cultura.

*** Ao fazer da questão da essência do homem a questão fundamental da filosofia, Kant parece anunciar uma mutação da filosofia em antropologia. Todavia, o fato de haver uma conexão entre metafísica e antropologia não significa de forma nenhuma uma fundamentação da primeira na segunda. Kant propõe-nos apenas uma antropologia empírica que, mais que uma ciência, é uma descrição que considera, em sua *Didática*, o modo de conhecer empiricamente o homem interior e exterior e, em sua *Característica*, o modo de conhecer o homem interior a partir do homem exterior. Partindo da finitude da razão humana, a filosofia crítica levanta a questão do ser do homem sem jamais reduzi-la a uma simples descrição antropológica, a qual, ao contrário, pressupõe uma ontologia que é também uma analítica da finitude.

(*A*, AK VII 119-22, P3 939-41).

Aparência

Fr.: *Apparence*

* Cumpre distinguir o fenômeno ou aparição, como objeto de intuição empírica (*Erscheinung*), da aparência (*Schein*). Assim como a verdade, esta não está no objeto intuído e sim no juízo feito sobre o objeto pensado. Ela não vem dos sentidos, que não enganam, pois não julgam, mas obedece a uma lógica própria denominada *dialética*. Se a aparência lógica se contenta com imitar a forma racional de maneira sofística, a aparência transcendental é o procedimento que nos leva para além do uso empírico das categorias. A dialética transcendental consiste em desmontar seu mecanismo para dissipar as ilusões a que ela dá ensejo.

** Ao extrapolar os limites da experiência possível, a razão cai numa ilusão transcendental, natural e inevitável, pois se faz perguntas que não pode evitar, mas às quais não pode responder. Essa ilusão consiste em produzir raciocínios dialéticos, que são sofismas correspondentes às Ideias transcendentais. Ao concluir do conceito de substância a unidade absoluta de uma alma, a razão produz os *paralogismos* da psicologia racional. Ao concluir do conceito de causalidade a unidade incondicionada das condições objetivas no fenômeno, a razão entra em conflito consigo mesma e dá lugar às **antinomias** próprias das Ideias cosmológicas. Ao concluir do conceito de comunidade um ser supremo, a razão produz o *Ideal transcendental* próprio da Ideia teológica.

*** Ao teorizar a metafísica espontânea da razão, Kant destrói a velha metafísica dogmática, impossibilitando tanto a prova racional da imortalidade da alma quanto a da existência de Deus: uma psicologia racional é substituída por uma *metafísica dos costumes* e uma teologia racional por uma *teologia moral*, a imortalidade e Deus tornando-se *postulados* da razão prática, objetos de uma *fé racional* como horizonte do agir moral. Kant mostra como o procedimento naturalmente metafísico da razão e o conjunto das representações que ela produz e teoriza repousam sobre estruturas de pensamento inconscientes, já que são estruturas categoriais que fundam as Ideias e os silogismos da razão.

(*CR*, AK III 234-7, P1 1012-24).

Apercepção

Fr.: *Aperception*

* A *apercepção transcendental* é a unidade formal da consciência pura, distinguindo-se da *apercepção empírica* que é o sujeito empírico, isto é, o sentido interno ou o tempo como autoafecção de si por si.

** Síntese originária que garante a ligação das representações e a unidade da consciência, ela impede que o espírito se dissemine em representações múltiplas. Veículo das categorias, o *Eu penso* deve, pois, poder acompanhar todas as minhas representações, com todos os fenômenos se ordenando sob a unidade de uma consciência que não é nenhuma consciência empírica particular e é no que consiste o entendimento como faculdade estruturante constituída pelo conjunto das categorias.

*** O sujeito kantiano é, portanto, ao mesmo tempo sujeito empírico e sujeito transcendental. Como a unidade da consciência é puramente lógica, ela sempre é apenas uma função, e o único eu que realmente existe é o eu empírico, singular, objeto de uma psicologia empírica. Kant é o primeiro a destruir o sujeito substancial da metafísica, fazendo dele uma ilusão transcendental, e a estabelecer uma conexão entre o sujeito e o tempo. Será o que permitirá a G. Deleuze retomar, no tocante a isso, a fórmula de Rimbaud "Eu é um outro": o eu passivo e intratemporal representa o sujeito transcendental como um outro que o determina em sua unidade, devendo a atividade do sujeito transcendental se refletir no tempo para produzir um sujeito empírico, um eu-objeto dado à consciência[1].

(*CR*, (A) AK IV 87-94, P1 1417-27, (B) AK III 107-126, P1 851-62).

[1]. "Sur quatre formules poétiques qui pourraient résumer la philosophie kantienne". In *Critique et clinique*. Paris: Minuit, 1993, pp. 40 ss.

Arte

Fr.: *Art*

* A arte se distingue da *natureza* como o fazer se distingue do agir: os produtos da natureza são *efeitos*, os da arte são *obras*. Como habilidade humana, ela se distingue da *ciência* assim como a faculdade prática se distingue da faculdade teórica. Distingue-se por fim do *artesanato*, pois, em vez de ser mercantil, é liberal: é um jogo, uma atividade aprazível em si, ao passo que o primeiro é um trabalho, uma atividade penosa, atraente exclusivamente por seus efeitos e que pode ser imposta por coação.

** Cumpre distinguir a *arte mecânica*, que se contenta com realizar um objeto apoiando-se numa habilidade prática, da *arte estética*, que visa o sentimento de prazer. Esta pode ser uma *arte de entretenimento*, cuja finalidade é simplesmente a diversão, ou as *belas-artes*, em que o prazer acompanha as representações como modo de conhecimento. As belas-artes são as artes do *gênio*. Este se distingue do *cérebro*, que caracteriza o cientista que procede por demonstrações e cujo saber pode ser ensinado, dando lugar a descobertas e progressos. O gênio é a faculdade de dar regras à arte: seu talento, que consiste em produzir aquilo para o que não existem regras determinadas, não pode ser aprendido. Dom natural, caracteriza-se por sua originalidade e pela exemplaridade de suas obras, e é enquanto natureza que o gênio dá regras à arte.

*** O gênio é a faculdade das *Ideias estéticas*: se as Ideias da razão são conceito sem intuições, as Ideias estéticas são intuições para as quais nenhum conceito é adequado, exprimindo o inexprimível da Ideia racional na criação de uma obra singular. Kant já não considera aqui o **belo** na perspectiva do juízo, mas sim na de sua produção. Subjetividade excepcional inimitável e à espera da resposta que lhe enviará um outro gênio, o gênio produz uma obra que escapa à ordem do juízo e chega até a contestar o gosto. A essência do gênio é o espírito (*Geist*) como "princípio vivificante da alma (*Gemüt*)" que inflama as faculdades e torna a imaginação apta para produzir Ideias estéticas que transcendem o pensamento conceitual. A imaginação pura como unidade da espontaneidade e da receptividade está, pois, na origem da obra de arte, extrapolando o objeto da experiência comum e os limites desta para criar uma outra natureza suprassensível. Despertando o pensamento por excesso de intuição, a imaginação é tanto mais criativa quanto mais for acolhimento do ente e consentimento ao parecer, de sorte que o gênio não conseguiria explicar como procede, pois, na arte, mostra o que tem de mais original como aquilo que menos lhe pertence. Rejeitando o intelectualismo, Kant também recusa o subjetivismo: como não procede por conceitos, a subjetividade do artista é excepcional, e fala-se então de inspiração, precisamente porque ela não é simplesmente subjetiva.

(*CJ*, AK V 305-20, P2 1086-105).

Belo

Fr.: *Beau*

* O belo não é o verdadeiro, pois não há conceito dele, embora agrade universalmente. Não é o agradável, embora seja objeto de uma satisfação pura ou desinteressada. Não é o útil, embora manifeste uma finalidade formal. Não é o bem, pois não produz uma obrigação. Dizer "é belo" é sempre dizer menos do que "é verdade" ou "é bom" e sempre dizer mais do que "é agradável" ou "útil". Caracterizando-se pela forma, a beleza será tanto mais pura quanto mais independente de todo conteúdo representativo for e então se falará de beleza *livre*, ao passo que a beleza *aderente* é aquela que está submetida a uma norma da representação.

** O juízo de gosto não é um juízo de conhecimento, mas um juízo reflexionante que consiste num livre jogo entre o entendimento e a imaginação. A objetividade do juízo estético é subjetiva, pois somente o prazer é dito universal e necessário. Ao refletir a forma de um objeto, a imaginação a relaciona diretamente com o entendimento sem passar por um conceito. Esse acordo subjetivo das faculdades define o **senso comum** estético que fundamenta a comunicabilidade do sentimento num prazer puro de julgar. Esse acordo possibilita que as formas da natureza simbolizem as Ideias, de sorte que o belo, ao manifestar mediatamente o suprassensível, seja símbolo do bem e testemunhe um acordo da natureza com a liberdade. A faculdade de julgar estética dá lugar a uma antinomia específica em que a tese diz que o juízo de gosto não se fundamenta em conceitos, pois nesse caso poderia ser disputado, decidido mediante provas, enquanto a antítese afirma que esse juízo se fundamenta sim em conceitos, pois, caso contrário, nem se poderia discutir a respeito dele, pretender à universalidade. A solução consiste em dizer que, embora gostos e cores não se discutam no nível do agradável, pode-se contudo discutir sobre o belo, sem no entanto poder demonstrar o que quer que seja. Embora o juízo de gosto se fundamente efetivamente em conceitos, trata-se de conceitos indeterminados que são o substrato do suprassensível. Logo, o belo é um modo de manifestação do suprassensível.

*** Não devemos nos enganar sobre a estética kantiana acusando-a rápido demais de intelectualismo. Kant se recusa a decidir a favor do empirismo que reduz o belo ao agradável ou do racionalismo que o concebe como perfeição. Repousando sobre um livre acordo das faculdades, o juízo de gosto abre para uma dimensão do aparecer irredutível à captação conceitual. Assim, revela a estética como a própria raiz da subjetividade, recordando o prazer que há em considerar a natureza antes mesmo de sua objetivação científica. A reflexão, que na maioria dos casos é imperceptível, torna-se eminentemente visível no juízo reflexionante estético em que já não se dispõe de conceito. Devido à impotência do entendimento para produzir um conceito, a reflexão é então sentida como um estado de espírito. Degustar já não é simplesmente sentir, é refletir a sensação, e, se julgar é sempre de certo modo realizar uma unidade do entendimento com a imaginação, refletir esteticamente implica sentir a harmonia sobre a qual essa unidade repousa. Enquanto no juízo teórico o entendimento legisla e a imaginação esquematiza para determinar um objeto, ficando escondida a arte em que consiste o esquematismo, no juízo estético essa arte se revela num livre jogo das faculdades. Pode-se, então, dizer que o juízo reflexionante libera um fundo que ficava oculto no juízo determinante[1].

(*CJ*, AK V 203-43, P2 957-1009).

1. Deleuze, G. *La philosophie critique de Kant*. Paris: PUF, 1967, p. 83.

Coisa em si

Fr.: *Chose en soi*

* Na medida em que já não é o sujeito que se rege pelos objetos tal como eles são em si mesmos, mas os objetos que se regem pela nossa faculdade de conhecer, cumpre distinguir as coisas tal como aparecem para nós como *fenômenos* e tal como são em si. Todavia, fenômeno e coisa em si são a mesma coisa sob dois aspectos diferentes e o fenômeno não é uma aparência que esconde a realidade, ele possui um caráter originário.

** Essa distinção é o fundamento da filosofia crítica: conhecemos apenas os fenômenos, não as coisas em si. Do ponto de vista da sensibilidade, a coisa em si é a face opaca e irrepresentável do fenômeno, que Kant não hesita em assimilar à matéria, já que a sensação nada mais é senão a afecção da coisa em si sobre nossa sensibilidade. No entanto, do ponto de vista do entendimento, ela pode ser pensada como uma realidade inteligível, e o conceito que dela formamos se chama um *númeno*. Trata-se do conceito do que conheceríamos se tivéssemos uma intuição intelectual. É conceito vazio, já que nenhuma intuição lhe corresponde, significando simplesmente que a coisa em si incognoscível pode no entanto ser pensada pelo entendimento.

*** Kant distingue o númeno do *objeto transcendental* ou objeto = X, que é o correlato do sujeito transcendental, o conceito de um objeto em geral ao qual são referidas as categorias enquanto representações de um sujeito transcendental. Trata-se daquilo que proporciona a nossos conceitos empíricos uma relação com um objeto, uma realidade objetiva, e que, por conseguinte, não pode ser separado dos dados sensíveis. Portanto, esse objeto é mais noema no sentido de Husserl do que númeno. Em contrapartida, o númeno é um conceito problemático e limitativo, cuja realidade objetiva não pode ser conhecida.

(*CR*, (A) AK IV, 80-3, P1 1410-3, (B) AK III 12-13, 203-14, P1 740-1, 970-88).

Crença

Fr.: *Croyance*

* Em termos gerais, a crença é o fato de considerar algo verdadeiro. É um fato do entendimento que pode se apoiar em

princípios objetivos, sem deixar de exigir causas subjetivas da parte de quem julga. Quando seu princípio é objetivamente suficiente, ela é uma *convicção*, ao passo que, quando seu único fundamento está na natureza do sujeito, ela é uma *persuasão*.

** O critério que permite distinguir a convicção da persuasão é puramente exterior e reside na comunicabilidade da crença, ou seja, na sua validade para todos. Se a convicção pode ser dita válida para todos, é só para mim que posso guardar uma persuasão. Com relação à convicção, a crença apresenta três graus: a *opinião* é uma crença subjetivamente insuficiente, a *fé*, uma crença suficiente apenas subjetivamente e a *ciência*, uma crença suficiente subjetiva e objetivamente. Se a suficiência subjetiva é uma convicção, a suficiência objetiva é uma *certeza*.

*** Se, no uso transcendental da razão, a opinião não é elevada o bastante, a ciência o é em demasia. Por isso é que Kant diz ter abolido o saber para dar lugar à crença. Não se trata de suprimir o saber em proveito da fé, mas de circunscrevê-lo dentro de seus limites para lhe abrir o horizonte da fé racional, tal como ela se exprime nos postulados da razão prática como horizonte do agir moral. No tocante a isso, a única crença legítima é uma fé racional.

(*CR*, AK III 532-8, P1 1376-84).

Crítica

Fr.: *Critique*

* Kant concebe seu projeto como uma crítica da razão pura, visando determinar a legitimidade das pretensões desta tanto no campo teórico quanto no campo prático.

** A crítica é concebida como um *tribunal* onde a **razão** é a um só tempo juiz e parte. Ela é a atividade da razão que, alcançando a consciência de si, confere a si mesma limites. Por isso convém distinguir entre *fronteiras* impostas à razão por uma instância exterior e decorrentes de uma *censura*, e *limites* que abrem para a razão o horizonte de seu poder legítimo.

*** A metafísica é concebida como um campo de batalha onde se enfrentam *dogmáticos* e *céticos*. Enquanto pretensão a um conhecimento do suprassensível por puros conceitos, o racionalismo dogmático transgride os limites da experiência e torna possível o empirismo cético, quando a razão descobre a futilidade da abordagem dogmática. A estrutura do campo de batalha metafísico é, pois, um círculo vicioso em que dogmatismo e ceticismo não cessam de se enfrentar, cada lado renascendo das cinzas de seu adversário. A crítica, que se propõe como projeto de paz perpétua em filosofia, visa pôr fim a esse conflito avaliando o poder da razão, decidindo sobre a legitimidade de seu uso e proibindo aventurar-se para além do campo da experiência, ao mesmo tempo que garante a possibilidade de um conhecimento *a priori* e refuta o empirismo. A crítica é apenas uma *propedêutica* à metafísica constituída como ciência, contentando-se com esboçar o plano da filosofia transcendental. Portanto, sua utilidade é apenas negativa, visando esclarecer o poder da razão, e não estendê-lo. Contudo, Kant lhe reconhece uma utilidade positiva, pois, ao limitar o saber teórico da razão, abre-o para seu campo prático. Esse é o sentido da famosa fórmula: "Aboli o saber para dar lugar à crença." Antes de Fichte e Marx, Kant descobre o primado da prática, o fato de que existem problemas, e em primeiro lugar o da liberdade humana, que não têm solução teórica, somente prática.

(*CR*, (A) AK IV 7-14, P1 725-33, (B) AK III 43-6, P1 776-80).

Dedução

Fr.: *Déduction*

* Termo emprestado dos jurisconsultos, que distinguem a questão de fato (*quid facti*) da questão de direito (*quid juris*), para caracterizar a segunda como tendo de demonstrar a legitimidade de uma pretensão. As categorias são objeto de uma *dedução metafísica* e de uma *dedução transcendental*.

** A primeira consiste em deduzir as categorias dos juízos, na medida em que são as categorias que tornam possíveis os juízos. A segunda mostra como condições subjetivas do pensamento podem ter um valor objetivo. Trata-se de provar que temos o direito de utilizar as categorias para pensar a experiência, que elas nos dão um conhecimento verdadeiro. A dedução transcendental decompõe-se em *dedução objetiva* e *dedução subjetiva*. Na primeira, trata-se de estabelecer o valor objetivo das categorias para os fenômenos; na segunda, trata-se de mostrar como o entendimento pode fazer de uma percepção um conhecimento objetivo, de elucidar a relação entre o entendimento e a intuição tal como ela é garantida pela **imaginação**.

*** Na primeira edição da *Crítica da razão pura*, Kant parte da dedução subjetiva atribuindo um papel essencial à imaginação transcendental. Heidegger apoia sua interpretação nessa versão, mostrando que, assim, Kant desdobra interminavelmente a razão como razão humana finita. Para Kant, trata-se também de refutar o empirismo, mostrando como as sínteses empíricas pressupõem sínteses transcendentais como suas condições. Apesar disso, não deixaram de acusar Kant de ter calcado suas sínteses puras nas sínteses empíricas, e foi por isso que na segunda edição ele partiu da dedução objetiva, minimizando o papel da imaginação e afirmando que era uma mesma espontaneidade que, ora com o nome de imaginação, ora com o de entendimento, garantia a ligação da diversidade da intuição.

(*CR*, (A) AK IV 75-95, P1 1403-28, (B) AK III 99-130, P1 842-79).

Direito

Fr.: *Droit*

* Sistema de obrigações concernentes à relação prática exterior entre uma pessoa e outra.

** Portanto, concerne apenas à conformidade ou não conformidade com a lei, sem ser determinado pelo respeito da lei como tal. Enquanto a legislação moral é *interna* e exige que a lei seja cumprida por dever, a legislação jurídica é *externa* e procede de uma simples obrigação formal. Este é o princípio da distinção entre o que é legal e o que é moral, entre a observação exterior de uma lei e o respeito da **lei** por dever em conformidade com a pureza da intenção. Direito e moral são, contudo, complementares, pois o direito é liberdade, a qual só pode ser liberdade limitada pela dos outros.

*** A teoria do direito fundamenta a filosofia da **história** que explica o desenvolvimento das faculdades naturais da espécie segundo o princípio da *insociável sociabilidade*, que faz com que, apesar de se oporem, os homens acabem necessariamente se entendendo segundo um jogo de equilíbrio de forças. O direito transmuda progressivamente os imperativos técnicos em imperativos categóricos, situando-se no cruzamento do sensível com o suprassensível e tornando possível dizer que existe uma disposição moral da humanidade. Participa, portanto, da efetuação da moralidade na história, permitindo conceber um possível progresso moral da humanidade que encontre sua expressão numa constituição política cada vez mais conforme aos mandamentos morais.

(*IH*, AK VIII 23-31, P2 195-205; *PP*, AK VIII 381-6, P3 377--83; *DD*, AK VI 229-31, P3 477-80; *CF*, AK VII 77-94, P3 887-906).

Disciplina

Fr.: *Discipline*

* A disciplina é a coerção que reprime, para destruí-la, a tendência a nos afastarmos de certas regras. Distingue-se da *cultura*, que nos dá uma aptidão e contribui para a *formação* de um *talento*.

** As disposições naturais precisam de uma disciplina, e é por isso que o objetivo da educação é transformar a animalidade em humanidade. Sua função é puramente negativa, impedindo que o homem seja desviado de sua destinação, que é a da humanidade, por seus pendores animais. A parte positiva da educação se chama *instrução*.

*** A razão também precisa de uma disciplina no seu uso transcendental onde ela procede por conceitos, a fim de reprimir sua tendência a ir mais além da experiência. Há, assim, uma disciplina da razão pura no uso dogmático, uma disciplina com relação a seu uso polêmico, bem como uma disciplina com relação às hipóteses e às demonstrações. A primeira consiste em distinguir entre conhecimento matemático e conhecimento filosófico, evitando fazer do primeiro o modelo do segundo e mostrando que não existem dogmas, ou seja, proposições sintéticas por conceitos, no uso especulativo da razão pura, e que nenhum método dogmático lhe convém. A segunda entende por uso polêmico da razão pura a defesa de suas proposições contra as negações dogmáticas. Trata-se de elucidar o sentido do antitético da razão pura que faz que a razão entre em contradição consigo mesma. Longe de concluir daí uma derrota da razão, a consciência de si da razão e de sua ignorância prepara o estabelecimento de um saber verdadeiro, por uma saudável crítica do dogmatismo, em relação ao qual o ceticismo tem uma função polêmica. A terceira concerne ao uso das hipóteses: no seu uso especulativo, a razão não tem direito de recorrer a hipóteses e servir-se de princípios hiperfísicos para suplementar a falha de princípios físicos de explicação. As hipóteses jamais são para a razão senão armas de combate, sem fundar um direito, mas servindo para defendê-lo. Finalmente, com relação às demonstrações, a razão não tenta nenhuma prova sem conhecer a fonte de onde ela extrai seus princípios, admitindo apenas uma única prova para cada enunciado e fazendo com que essa prova seja ostensiva, anexando à convicção da verdade a visão das fontes dessa verdade.

(*CR*, AK III 466-526, P1 1294-1357).

Domínio

Fr.: *Domaine*

* Conceitos referidos a objetos têm um *campo* determinado pela relação de seu objeto com a faculdade de conhecer. O *território* dos conceitos e da faculdade de conhecer correspondente é a parte do campo em que é possível um conhecimento. O *domínio* desses conceitos e faculdades é a parte do território em que esses conceitos são legisladores.

** Os conceitos da experiência têm um terreno na natureza, mas não um domínio, e somente um *domicílio*, pois, embora produzidos de modo legal, não são legisladores, já que as regras fundamentadas neles são empíricas e contingentes. Nossa faculdade de conhecer tem dois domínios, o dos conceitos da natureza e o dos conceitos da liberdade, sendo legislador *a priori* por esses dois tipos de conceitos. Com relação à faculdade de conhecer, a filosofia tem portanto dois domínios mediante os quais ela é legisladora *a priori*: o da natureza e o da liberdade.

*** Assim, a filosofia pode ser dividida em filosofia teórica e filosofia prática. No entanto, o território sobre o qual ela dispõe seu domínio e legisla não é senão o conjunto dos objetos da experiência possível. Enquanto o entendimento legisla no domínio dos conceitos da natureza, a razão só pode ser legisladora na prática por meio do conceito de liberdade, embora a existência de regras práticas não signifique que, por isso, a razão seja legisladora, já que essas regras podem ser simplesmente técnico-pragmáticas. O suprassensível constitui para nossa faculdade de conhecer um campo ilimitado e inacessível, no qual não encontramos nenhum território e que não oferece nenhum domínio para o conhecimento teórico. Trata-se de um campo que devemos ocupar com Ideias que têm uma realidade exclusivamente prática. Existe, portanto, um abismo entre o domínio sensível dos conceitos da natureza e o domínio suprassensível do conceito de liberdade, e não há nenhuma passagem possível do primeiro para o segundo. Todavia, uma vez que o conceito de liberdade deve realizar no mundo sensível o fim imposto por sua lei, a natureza tem de ser pensável de tal modo que a legalidade de sua forma se harmonize com a possibilidade dos fins a realizar segundo a lei da liberdade. De fato, embora não haja passagem do sensível para o suprassensível, este deve contudo poder se efetuar no sensível, no mundo. Por isso é que o mais grave dos contrassensos concernentes à filosofia prática consistiria em crer que a lei moral, devido à sua formalidade, seria irrealizável. (*CJ*, AK V 174-6, P2 927-9).

Entendimento
Fr.: *Entendement*

* Faculdade de conhecer não sensível, o entendimento é a *espontaneidade* do pensamento como faculdade de produzir conceitos, por meio dos quais ele julga, ou seja, pensa. Os juízos são atos do entendimento como faculdade de julgar que pensa os objetos dados pela **sensibilidade**.

** Admitindo que pensar é julgar ou conhecer por conceitos, são chamados *categorias* os conceitos puros do entendimento, que são regras que permitem constituir a objetividade. Elas são os modos de ligação mais universais pressupostos pelos juízos, motivo pelo qual a tábua das categorias é dedutível da tábua dos juízos, visto que se pode remontar destes aos conceitos puros que fundamentam sua possibilidade. Segundo a *quantidade*, a unidade torna possível um juízo universal, a pluralidade um juízo particular, a totalidade um juízo singular. Segundo a *qualidade*, a realidade torna possível um juízo afirmativo, a negação um juízo negativo, a limitação um juízo indefinido. Segundo a *relação*, a substância torna possível um juízo categórico, a causalidade um juízo hipotético, a comunidade ou ação recíproca um juízo disjuntivo. Segundo a *modalidade*, a possibilidade torna possível um juízo problemático, a existência um juízo assertório, a necessidade um juízo apodíctico.

*** Kant empresta de Aristóteles o termo categoria, a quem no entanto critica por ter exposto esses conceitos apenas de maneira rapsódica, em vez de fazer deles uma dedução rigorosa a partir de juízos. De fato, enquanto em Aristóteles as categorias são traços do ser, aqui elas são determinações do pensamento, representações de um sujeito transcendental e predicados de um objeto transcendental. O entendimento humano é basicamente discursivo e se opõe à intuição como conhecimento sensível imediato. Ao pensar os fenômenos dados pela sensibilidade, ele é a faculdade legisladora no domínio do conhecimento: o sujeito humano legisla sem ter de ser uma parte do entendimento divino, como é o caso no racionalismo clássico. Todavia, Kant mantém a possibilidade de um *entendimento intuitivo* que não teria de pensar o dado, mas para o qual ver o objeto equivaleria a criá-lo. Tal entendimento divino, que nada mais é senão o *intellectus archetypus* da tradição, para nós é somente uma Ideia da razão que exprime ao infinito o limite de nosso entendimento finito. Portanto, o entendimento humano sempre é apenas a capacidade de conferir ao dado empírico determinações categoriais concernentes à essência e à existência de um objeto empírico. Cumpre então distinguir entre as categorias *matemáticas* do homogêneo que permitem determinar a natureza do objeto, sua quantidade e sua qualidade, e as categorias *dinâmicas* do heterogêneo que determinam a relação efetiva entre os objetos, a relação e a modalidade.

(*CR*, AK III 85-99, P1 824-41; *CJ*, AK V, 402-4, P2 1198--1202).

Esclarecimento

Fr.: *Lumières*

> * O esclarecimento é a libertação da *superstição*, preconceito que consiste em representar a natureza como não submetida às regras do entendimento.

> ** Ele é longo e difícil de realizar, e Kant concebe sua época não como um século esclarecido, mas como um século caminhando na direção do esclarecimento. A dificuldade está em que o homem deve sair de uma menoridade pela qual ele mesmo é responsável devido à preguiça e covardia que explicam o fato de ele preferir, à liberdade, a sujeição segura a tutores que pensam em seu lugar. A divisa do esclarecimento é: *Sapere aude!* "Tem a coragem de te servir de teu entendimento."

*** Kant rompe com o otimismo que caracteriza alguns aspectos do racionalismo de sua época, inspirado em Leibniz e Wolff. Ao rejeitar a metafísica dogmática, que tinha influenciado fortemente o iluminismo alemão, ele marca um ponto de ruptura. A ideia de uma finitude da razão humana e a teoria do mal radical fazem que o progresso não possa ser concebido de forma unilateral. Embora Kant saúde na Revolução Francesa as perspectivas jurídico-éticas que ela inaugura, também denuncia seus excessos. Uma revolução pode no máximo acarretar a queda de um despotismo, mas nunca uma verdadeira reforma do modo de pensar. Esse é um trabalho de muito fôlego, o esclareciemtno só se espalha muito lentamente.

(*L*, AK VIII 35-42, P2 209-17; *CJ*, AK V 294, P2 1073-4).

Esquema

Fr.: *Schème*

* Termo intermediário, produzido pela **imaginação** transcendental, homogêneo à categoria e aos fenômenos, que torna possível a aplicação da primeira aos segundos.

** Cumpre distinguir a imagem, produto empírico da imaginação empírica que pode servir de exemplo para ilustrar um conceito, do esquema, que é um *monograma* da imaginação pura que torna possíveis as imagens. No tocante aos conceitos empíricos, trata-se de uma imagem mental pura adequada ao conceito, ao passo que uma imagem empírica não o pode ser. É em matemática que o esquematismo funciona da maneira mais perfeita, pois, já que construímos o objeto na intuição pura, temos uma operação adequada à sua configuração, com pensamento e imaginação pura se identificando. O esquema da categoria é uma determinação transcendental de tempo, um método de temporalização que serve de mediação entre conceito e intuição. Com efeito, o tempo permite homogeneizar esses dois termos heterogêneos, pois os fenômenos são temporais e os conceitos devem ser temporalizados para poderem se fenomenalizar. O número, como operação de adição sucessiva da unidade, é o esquema da quantidade, ao passo que o grau é o da qualidade, uma sensação devendo ter certo grau de intensidade. O esquema da substância é a permanência, o da causalidade, a sucessão, o da comunidade, a simultaneidade. O esquema da possibilidade é o acordo da síntese das representações com as condições do tempo (os contrários não podendo existir simultaneamente, e sim sucessivamente), o da existência é a duração num tempo determinado, o da necessidade, a onitemporalidade.

*** Kant diz que o esquematismo é uma arte escondida nas profundezas da alma humana, pois remete a uma atividade temporalizante inconsciente da imaginação que fundamenta a possibilidade de os conceitos aparecerem para a consciência. As categorias só são utilizáveis e só podem representar um objeto se forem esquematizadas. Embora o esquematismo lhes dê uma significação, restringe seu uso ao campo da experiência, sendo ilegítimo qualquer uso fora das condições do esquematismo. Heidegger vê na teoria do esquematismo o momento em que a imaginação transcendental fundamenta o conhecimento ontológico, na medida em que a produção dos esquemas é o único modo de criação possível para um espírito finito, o esquematismo estando de certa maneira para o homem assim como a *intuitus originarius* está para Deus.

(*CR*, AK III 134-9, P1 884-91).

Existência

Fr.: *Existence*

* A existência, junto com a possibilidade e a necessidade, é uma categoria da *modalidade*. Esses conceitos têm a particularidade de ser sintéticos apenas subjetivamente, ou seja, de não acrescentarem nada ao nosso conhecimento do objeto e concernirem apenas a seu modo de posição. Se, do ponto de vista transcendental, a possibilidade não se reduz ao simples critério formal da não contradição, mas se define como o que condiz com as condições formais da experiência, a existência efetiva não é um simples complemento da possibilidade, e sim o que condiz com as condições materiais da experiência.

** Portanto, a existência já não é dedutível do conceito, pois, como seu único critério de doação é a percepção, ela é sempre uma existência empírica. Esse é o sentido da tese kantiana segundo a qual o ser não é um predicado real, mas uma simples posição: a existência não é uma propriedade da essência, mas a posição do objeto na intuição empírica. Essa tese constitui o cerne da destruição da prova ontológica da existência de Deus: assim como cem táleres possíveis não são cem táleres efetivos, tampouco se pode deduzir do conceito de Deus sua existência necessária.

*** Cumpre distinguir a *realidade*, categoria matemática da qualidade, da *existência ou efetividade*, categoria dinâmica da modalidade. Enquanto a primeira concerne à essência de uma coisa e fica indiferente à sua existência efetiva, a segunda determina a posição da coisa como efetivamente dada na experiência. Com a existência, já não se trata de definir um objeto, mas de efetivá-lo como dado na intuição.

(*CR*, AK III, 89-90, 186-190, 397-403, P1 830-1, 948-54, 1210-17).

Experiência

Fr.: *Expérience*

* É o que o **entendimento** obtém ao elaborar a matéria bruta das sensações. Começo de todo conhecimento, não basta porém para nos fornecer toda a origem, pois, embora de fato nos diga o que é, não nos permite fundamentar sua universalidade e necessidade e não fornece nenhum conhecimento *a priori*.

** Enquanto a experiência real é a percepção comum dos objetos, a experiência possível define a experiência no sentido científico permitindo que objetos sejam pensados. A crítica da razão limita nosso conhecimento exclusivamente ao campo da experiência possível. A experiência não pode ser uma simples coleção de dados, ela supõe uma atividade do espírito: logo, a experiência que temos é também a experiência que fazemos e as categorias são as condições *a priori* da possibilidade da experiência. Com o conhecimento empírico determinando um objeto mediante percepções, a experiência é um ato de determinação do dado perceptivo. Pelo termo *possibilidade da experiência* deve-se, então, entender o que dá uma realidade objetiva a nossos conceitos *a priori*.

*** Como a experiência não é uma simples associação empírica, existem na sua base princípios de sua forma *a priori*, isto é, regras de unidade da ligação dos fenômenos. Enquanto os juízos analíticos têm como princípio o princípio lógico de não contradição, os juízos sintéticos têm como princípio que todo objeto esteja submetido às condições da unidade sintética da diversidade da intuição numa experiência possível. Pode-se então dizer que "as condições de possibilidade da experiência são ao mesmo tempo as condições de possibilidade dos objetos da experiência". Esse princípio supremo de todos os juízos sintéticos *a priori* significa que o que vale para a experiência possível também vale para os objetos da experiência, que há identidade entre o pensamento e o ser e que, depois de estabelecidas as condições da experiência possível, a experiência real deve obedecer à experiência possível. O "ao mesmo tempo" desempenha no enunciado do princípio um papel essencial: se, na sua formulação rigorosa de princípio da lógica formal, a não contradição exclui qualquer dimensão de tempo, os juízos sintéticos e *a priori* supõem, em compensação, essa determinação, na medida em que a **síntese** pura é também ligação da forma temporal dos fenômenos.

(CR, AK III 27-8, 117, P1 757-8, 863).

Exposição

Fr.: *Exposition*

* O espaço e o tempo são objeto de uma exposição e não de uma dedução, pois não são conceitos produzidos pelo entendimento, e sim formas puras da sensibilidade que o precedem.

** Cumpre distinguir a *exposição metafísica* da *exposição transcendental*. A primeira visa estabelecer o caráter *a priori* dessas formas: elas não podem ser extraídas de impressões, porque são a condição das impressões externas e internas. A segunda mostra como essas formas *a priori* têm um valor objetivo, fundamentando a possibilidade de um conhecimento **matemático** como conhecimento sintético *a priori*.

*** Espaço e tempo são as condições de possibilidade de conhecimentos *a priori*. Não sendo conceitos empíricos, são *a priori* e são representados como grandezas infinitas, no interior das quais é possível recortar uma porção de espaço ou de tempo. Não são coisas, nem propriedades das coisas, mas condições subjetivas de nossa intuição sensível, que se produz na medida em que somos afetados por objetos, e, portanto, não são **nada** em si fora do sujeito. Por isso o espaço e o tempo podem ser considerados fontes de conhecimento, pois são intuições puras que fornecem uma diversidade determinável e fundamentam uma extensão do conhecimento que extrapola a determinação conceitual vazia. A objetividade tem, portanto, uma raiz no sensível, num sensível puro ou insensível que permite pensar o que a lógica formal não pode pensar. Assim é que o tempo torna pensável o movimento e permite conceber dois atributos contraditórios para um mesmo sujeito, que será diferente em um tempo t_1 e em um tempo t_2, ao passo que a lógica formal, que repousa na não contradição, exclui essa possibilidade. Ademais, enquanto forma universal de todos os fenômenos, o tempo tem uma primazia sobre o espaço: anterior a toda experiência, ele é essa autoafecção originária pura constitutiva do eu empírico e sobre a qual repousa toda experiência e toda consciência.

(*CR*, AK III 52-9, P1 784-94).

Extravagância

Fr.: *Extravagance*

* Esse termo traduz o alemão *Schwärmerei* e designa a ilusão de poder extrapolar a condição sensível, que consiste em delirar com razão.

** Se a extravagância é uma doença mental decorrente de um desregramento da imaginação, ela também afeta a razão que se esconde por trás de uma metafísica de escola. Kant descobre que a loucura não pode ser reduzida à perda da razão, mas que existe uma racionalidade imanente ao delírio bem como um delírio imanente à razão. Por isso é que a extravagância não se deixa reduzir à loucura e concerne tanto à filosofia dogmática quanto ao irracionalismo ou ao iluminismo. Em todos os casos, há a pretensão de se elevar a um conhecimento do suprassensível, a um saber sobrenatural.

*** Pode-se, portanto, considerar a metafísica dogmática um delírio racional. Se a tendência metafísica é própria do homem e se a ilusão transcendental é tão natural quanto inevitável, cabe ao dogmatismo produzir uma forma sistemática e delirante delas, de sorte que já não seja apenas o sono da razão que gera monstros, mas muito mais sua vigilância discursiva. Estimulada pelo modelo da **matemática**, a razão pura crê poder se elevar para além dos limites da experiência. Nesse sentido, Platão foi o pai de toda extravagância em filosofia, pois, fascinado pelas idealidades matemáticas, elevou-se até o suprassensível. Notemos, contudo, que o alvo de Kant não é tanto Platão, que entendeu que as Ideias eram sobretudo de ordem prática, mas um pseudoplatonismo da intuição intelectual que degenera em filosofia do sentimento e irracionalismo. Notemos que convém distinguir a extravagância do *entusiasmo*, que é uma modalidade do sentimento do sublime e concerne à destinação moral da humanidade (como o entusiasmo que o povo judeu sentiu por sua religião ou aquele que a Revolução Francesa suscitou).

(*Pr*, AK IV 317, P2 93; *CJ*, AK V, 275, P2 1048-9; *TS*, AK VIII 391, P3 398).

Faculdade

Fr.: *Faculté*

* Poder do espírito, uma faculdade é uma certa relação entre a representação e o objeto ou o sujeito, ou uma fonte específica de representações.

** No primeiro sentido desse termo, distingue-se a *faculdade de conhecer* como relação entre a representação e o objeto do ponto de vista do acordo entre eles, a *faculdade de desejar* como faculdade de ser por suas representações causa da realidade dos objetos dessas representações, e o *sentimento de prazer e de dor* como afecção da representação sobre o sujeito. Uma faculdade pode ter uma *forma superior* e é *autônoma* quando encontra em si mesma o princípio de seu exercício: é dita legisladora. No segundo sentido, existem tantas faculdades quantas forem as representações: a **sensibilidade** dá intuições, o **entendimento** produz conceitos, a **razão**, Ideias.

*** Seguindo G. Deleuze, pode-se entender a filosofia crítica como uma teoria das faculdades[1]. Dada uma faculdade no primeiro sentido do termo, é preciso encontrar qual é a faculdade no segundo sentido que lhe confere sua forma superior. Por isso, é o entendimento que legisla a favor do **interesse** especulativo da faculdade de conhecer superior e a razão a favor do interesse prático da faculdade de desejar superior, sendo que o fato de uma faculdade legislar não exclui as outras faculdades, mas lhes confere a cada vez um papel determinado. No que concerne ao sentimento de prazer e de dor, ele só pode alcançar sua forma superior se for desinteressado: a sensibilidade alcança sua forma superior quando o juízo legisla sobre essa faculdade, como é o caso no juízo estético. A partir de então, as faculdades já não mantêm relações regradas ordenadas por uma faculdade dominante, mas jogam livremente entre si ao mesmo tempo que se harmonizam. Esse livre jogo harmônico é, na verdade, a condição de qualquer relação regrada das faculdades.

(*CR*, AK III 74-75, P1 811-3; *Cr*, AK V 10, P2 616; *CJ*, AK V 167-73, P2 917-26).

1. Deleuze, G. *La philosophie critique de Kant*. Paris: PUF, 1967, p. 83.

Faculdade de julgar

Fr.: *Faculté de juger*

* O juízo sendo a faculdade de aplicar uma regra do entendimento a um caso particular ou de subsumir o particular

numa regra, a faculdade de julgar é uma faculdade intermediária entre o entendimento e a razão, dita *determinante* quando subsume o particular no geral e *reflexionante* quando, o particular estando dado, ela deve encontrar o geral.

** O juízo determinante é um juízo de conhecimento. Por isso os princípios do entendimento tornam possível decidir se tal coisa particular está ou não está submetida a tal categoria, o **esquema** sendo essa determinação de tempo homogênea à categoria e à intuição que permite aplicar a primeira ao objeto da segunda. No plano prático, o juízo consiste em determinar se uma ação possível para nós no mundo sensível é conforme com a lei moral. Como a **lei** da liberdade não tem esquema, ela não disporá de outra faculdade de conhecer senão o entendimento que fornece à razão uma lei da natureza que vale como *tipo* para a lei moral. Cabe indagar, então, se a ação projetada, supondo que ela devesse ocorrer segundo uma lei da natureza de que seríamos uma parte, seria possível para uma vontade. A lei universal da natureza fornece, portanto, um tipo que possibilita decidir se a máxima subjetiva da ação pode ser erigida em lei universal. Não se pode, por exemplo, erigir a mentira em lei universal da natureza, pois, se assim fosse, já não haveria verdade possível. A típica do juízo prático puro tanto permite nos preservar do empirismo da razão prática, que consiste em derivar o bem e o mal de critérios empíricos, quanto do misticismo que, tomando por esquema o que só vale como símbolo, crê poder fazer repousar os conceitos morais em intuições intelectuais.

*** O juízo reflexionante não é um juízo de conhecimento, pois só é dado o caso particular e não a regra geral, como por exemplo no caso do diagnóstico do médico. Esse juízo pode contudo ter um princípio *a priori*. Este é o conceito de **finalidade**, pois, não podendo atribuir às produções da natureza uma relação a fins, a avaliação teleológica é apenas um meio de refletir sobre a natureza do ponto de vista da ligação de seus fenômenos, tal como está dada por leis empíricas. Enquanto o entendimento é *autônomo*, pois fornece leis para a natureza, o juízo, que só fornece leis a si próprio, é *heautônomo*.

A outra espécie de juízo reflexionante é o juízo estético, que já não concerne à finalidade objetiva da natureza, mas à sua finalidade subjetiva. A faculdade de julgar reflexionante requer, portanto, uma crítica específica, na medida em que é capaz de legislar *a priori*. Trata-se de saber se os princípios *a priori* dessa faculdade, enquanto intermediária entre o entendimento e a razão, são constitutivos ou **reguladores**, e se ela fornece *a priori* uma regra para o sentimento de prazer e de dor como intermediária entre a faculdade de conhecer e a faculdade de desejar. Essa crítica vem completar a da razão pura, porque a faculdade de julgar é um poder de conhecimento que tem seus princípios próprios, ainda que estes compitam ao mesmo tempo à parte teórica e à parte prática da filosofia transcendental. Convém, então, distinguir a finalidade subjetiva e formal própria do juízo estético da finalidade material objetiva própria do juízo teleológico. Enquanto, no primeiro caso, somos nós que acolhemos a natureza com favor extraindo prazer de sua forma, no segundo caso, é a natureza que nos faz um favor ao se deixar apreciar teleologicamente. O juízo estético é uma espécie particular de juízo reflexionante que nos prepara para o juízo teleológico, que, por sua vez, constitui a faculdade de julgar reflexionante em geral. A reflexão sem conceito sobre a finalidade formal estética prepara para a formação de um conceito reflexivo da finalidade, o juízo reflexionante fundando uma passagem do **interesse** especulativo para o interesse prático.

(*CR*, AK III 131-2, P1 881-2; *Cr*, AK V 67-71, P2 690-5; *CJ*, AK V 167-97, P2 917-55).

Filosofia

Fr.: *Philosophie*

* A filosofia é a ciência da relação entre todos os conhecimentos e os fins essenciais da razão humana. Ela se condensa nas seguintes questões: 1) o que posso saber? 2) o que devo fazer? 3) o que me é permitido esperar? 4) o que é o homem? A última questão resume as precedentes, no sentido de que a

filosofia é, sobretudo, uma interrogação sobre o ser do homem e sobre o estatuto de sua finitude.

** Kant afirma que não se aprende filosofia, aprende-se apenas a filosofar, pois a filosofia não é um saber constituído, mas uma investigação. Desse ponto de vista, ninguém pode pretender ser o mestre da sabedoria e o filósofo é um **Ideal** não encontrado em parte alguma, embora a Ideia de sua legislação possa ser encontrada em todo ser racional. A ideia-força é a de legislação que institui o homem como livre.

*** Cumpre distinguir o *conceito escolástico* da filosofia de seu *conceito cósmico*. Segundo seu conceito escolástico, pode-se considerar que ela seja uma disciplina e um trabalho específico e, nesse caso, o filósofo é tão somente o artista da razão e não o legislador. Segundo seu conceito cósmico, a filosofia concerne a todo homem enquanto cidadão do mundo. Mundo já não deve, então, ser entendido em sua acepção cosmológica, mas num sentido existencial, designando o que interessa necessariamente a cada homem. Kant coloca assim os filósofos profissionais em seu devido lugar: não podem, em nenhuma hipótese, posar de modelos ou mestres, ainda que possam ser exemplares. É também por esse motivo que Kant rompe com a ideia platônica do filósofo-rei: não é desejável que os reis se ponham a filosofar ou que os filósofos se tornem reis, pois o exercício do poder corrompe necessariamente a liberdade do juízo.

(*CR*, AK III 541-3, P1 1388-90; *PP*, AK VIII 369, P3 364).

Finalidade

Fr.: *Finalité*

* A finalidade se define como a legalidade do contingente. A unidade final dos fenômenos remete a um entendimento divino arquetípico, que é uma Ideia simplesmente reguladora para a **faculdade de julgar** reflexionante, pois a simples avaliação teleológica absolutamente não autoriza a dedução teológica.

** Embora não devamos impor violentamente fins à natureza, podemos contudo refletir sobre a unidade final natural. A consideração da *finalidade interna* dos seres organizados, diferente da *finalidade externa* relativa a uma causa eficiente, permite formar o conceito de um *fim da natureza* como fundamento da possibilidade deles. Todavia, esse fim não pode ser um *fim último*, pois este é um fim que jamais é um meio, e sim uma razão de existência. Essa Ideia implica a de *propósito final*, como a de um ser que possui em si a razão de sua existência.

*** A faculdade de julgar teleológica dá lugar à sua antinomia em que a tese afirma que a produção das coisas materiais se dá de acordo com simples leis mecânicas, ao passo que a antítese afirma que existem produções naturais que não são possíveis de acordo com simples leis mecânicas. A solução consiste em estabelecer que pensar as coisas segundo uma causa final que seja uma Ideia reguladora e não um princípio objetivo da razão para uma faculdade de julgar determinante deve ser uma simples máxima da faculdade de julgar reflexionante. Em suma, somente o homem enquanto ser racional que elabora para si um conceito de fim pode encontrar em si mesmo o fim de sua existência e se colocar como propósito final da criação. O propósito final é, portanto, um conceito da razão prática, na medida em que a lei moral exige um objetivo incondicionado. O homem é um propósito final na medida em que é um ser moral que faz de si uma **pessoa**.

(*IH*, AK VIII 27-31, P2 200-5; *CJ*, AK V 359-415, P2 1148--216).

Grandezas negativas
Fr.: *Grandeurs négatives*

* Essa noção permite explicar a distinção entre a oposição lógica, relativa à simples contradição, e a oposição real. Ainda que seja verdade que uma coisa não pode ser ao mesmo tempo A e não A, uma coisa pode, em compensação, apresentar dois predicados não contraditórios para um mesmo sujeito.

Assim é que a sombra não é um nada em relação à luz, o mal em relação ao bem, o inconsciente em relação ao consciente.

** A grandeza negativa é, portanto, uma verdadeira grandeza realmente oposta à que é considerada positiva e pode-se falar de uma relatividade dos conceitos de positividade e de negatividade. Estamos em presença do *nihil privativum*, desse **nada** privativo que, apesar de ser uma falta, é contudo alguma coisa. Disso resulta que o real seja basicamente conflituoso e que a ordem da **existência** não possa ser reduzida à ordem do lógico. De fato, o princípio de contradição é da alçada apenas da lógica formal e a contrariedade real não é uma simples contradição lógica.

*** Kant levantou esse problema em 1763 no *Ensaio para introduzir em filosofia o conceito de grandeza negativa*. A influência de Newton determina então o rompimento com o panlogismo leibniziano: o universo já não é um comércio de substâncias regido segundo a harmonia preestabelecida, mas um jogo de forças conflituosas obrigadas a se equilibrar sem nenhum fundamento substancial. Isso tem consequências do ponto de vista tanto metafísico quanto moral. A existência não é dedutível do conceito, pois, além de sua acepção lógica de cópula no juízo, o ser nada mais é senão a posição do objeto na experiência. Instala-se assim a possibilidade da destruição da **teologia** racional e do argumento ontológico, tal como foi esboçada no mesmo ano em *Do único fundamento possível de uma prova da existência de Deus*: não se pode deduzir a existência de Deus de seu conceito ou essência. Por outro lado, conceber uma realidade do negativo permite romper com o tema da teodiceia e torna possível uma nova problemática do mal como tendo uma realidade positiva.

(*G*, AK II, P1).

Hipotipose

Fr.: *Hypotypose*

* Trata-se do ato que consiste em tornar sensível, em encarnar, em produzir uma apresentação intuitiva de um conceito.

Para expor a realidade de nossos conceitos, necessitamos de intuições: se, para os conceitos empíricos, as intuições são exemplos, para os conceitos puros elas são esquemas e, para as Ideias, símbolos.

** Portanto, a hipotipose ou é *esquemática* ou é *simbólica*. Os símbolos são apresentações indiretas, que procedem por analogia. Quando nenhuma intuição é adequada para um conceito, emprestamos a intuição de um outro conceito: assim, um Estado despótico será simbolizado por um moinho manual. Esse procedimento, que é uma espécie de esquematismo por analogia, é utilizável para as Ideias da razão às quais não corresponde nenhuma intuição.

*** Todo o nosso conhecimento de Deus é simbólico; quem o toma por esquemático cai no antropomorfismo e quem o toma por intuitivo cai no deísmo. A simbolização é um modo de apresentação do suprassensível, o que explica que se possa dizer que o **belo** é o símbolo do bem moral. O belo não é uma simples percepção confusa do bem, e entre eles não existe nexo analítico, mas sim um nexo sintético que faz com que o **interesse** pelo belo nos destine à moralidade. Por meio do símbolo, o belo torna-se também apresentação indireta, mas positiva, do suprassensível, assim como o sublime oferece dele uma apresentação direta, mas negativa, e o gênio, uma apresentação derivada por criação de uma outra natureza.

(*CJ*, AK V 351-4, P2 1141-45).

História

Fr.: *Histoire*

* Diferentemente do conhecimento racional que procede a partir de princípios, o conhecimento histórico é um conhecimento a partir de dados. A história é um saber empírico concernente à natureza empírica do homem assim como a **psicologia** e a **antropologia**, que procedem das ciências da natureza. Portanto, pode-se conceber o processo histórico de civilização como natural. Contudo, no nível da razão, também

se pode conceber a Ideia de uma história de um ponto de vista cosmopolita.

** Kant distingue três concepções da história: 1) a *concepção terrorista*, segundo a qual o gênero humano regride para o pior (Rousseau); 2) a *concepção eudemonista*, que afirma uma quantidade de bem e uma quantidade de mal constantes (Leibniz); 3) a *concepção abderitista*, na qual a história é tão somente o espetáculo aflitivo da miséria e da loucura dos homens[1]. A isso Kant opõe a ideia de que a história é um plano oculto da natureza, que realiza uma constituição política que possibilite à natureza desenvolver todas as disposições da humanidade. Ele se contrapõe tanto à tese que faz da história um caos, já que natureza e liberdade têm leis, quanto àquela que faz dela o resultado de um ordenamento providencial, já que o juízo teleológico é reflexionante e não determinante.

*** Kant não fala como Hegel de astúcia da razão, mas sim de astúcia da natureza, para mostrar como mecanismos naturais são capazes de se autorregular e de se autofinalizar, como forças são capazes de se equilibrar e pulsões de se socializar, de tal modo que disso resulte a possibilidade de esperar um estado cosmopolita de paz e de direito. Assim como a **liberdade** deve se inserir na natureza, os mecanismos naturais produzem os efeitos teleológicos, da finalidade oferecida a um juízo reflexionante.

(*CR*, AK III 540, P1 1387; *IH*, AK VIII 17-42, P2 187-217; *CF*, AK VII, 81-2, P2 889-92).

1. Na Antiguidade, Abdera foi uma cidade lendária por suas desordens e desgraças.

Ideal

Fr.: *Idéal*

* Trata-se de uma Ideia considerada *in individuo* como uma coisa singular determinável e determinada apenas pela Ideia. A razão não contém apenas Ideias, contém também Ideais que têm uma força prática, pois são princípios reguladores que fundamentam a possibilidade da perfeição de certas ações.

** Assim, se a sabedoria e a virtude são Ideias, o sábio é um Ideal que só existe no pensamento, mas que corresponde plenamente à Ideia de sabedoria. A Ideia dá a regra e o Ideal serve de protótipo para determinar a cópia. Embora esses Ideais não sejam quimeras, porque fornecem à razão um modelo, não se pode atribuir a eles uma realidade objetiva e eles não podem se realizar em um exemplo. O Ideal da razão pura serve, assim, de protótipo para a ação e para o juízo, operando uma determinação completa com regras *a priori*.

*** Portanto, a razão concebe um objeto completamente determinável segundo princípios. O princípio da determinação completa de uma coisa concerne a seu conteúdo e não apenas a sua forma lógica. Princípio da síntese de todos os predicados que constituem o conceito integral de uma coisa, ele é a suposição transcendental da matéria de qualquer possibilidade que contenha *a priori* os dados necessários para a possibilidade particular de cada coisa. Assim é a Ideia de Deus como Ideal transcendental, ou seja, um conceito que inclui todos os possíveis, uma totalidade que inclui a comunidade dos possíveis conforme o procedimento de um silogismo disjuntivo. Kant mostra que a **teologia** racional nada pode concluir no que concerne à existência de tal ser. Desmonta assim o mecanismo que faz funcionar a Ideia de Deus na metafísica. Deus é concebido como o Ser supremo originário porque todas as coisas são concebidas em relação a ele como limitações de uma realidade maior. Trata-se nesse caso do protótipo das coisas, que são cópias suas que dele tiram a matéria de sua possibilidade e dele se aproximam em maior ou menor medida. Assim, a **metafísica** define o ser como um ente supremo (*Ens summum*) que fundamenta a possibilidade e a existência de todas as coisas, todos os outros gêneros do ser não sendo senão limitações desse ente. A filosofia crítica já não precisa de tal ente, pois a questão ontológica procede agora de uma estética e de uma analítica transcendentais.

(*CR*, AK III 383-92, P1 1192-1203).

Imaginação

Fr.: *Imagination*

* Kant distingue da simples imaginação *empírica* e *reprodutora*, como faculdade de representar um objeto mesmo na sua ausência que repousa apenas nas leis empíricas da associação, a imaginação *transcendental* e *produtora*, cuja função é garantir uma mediação entre a receptividade da sensibilidade e a espontaneidade do entendimento.

** As duas operações da imaginação transcendental são a síntese e o esquematismo. Como toda apreensão da diversidade na intuição se dá segundo a forma do tempo, a imaginação deve garantir sua reprodução fazendo sua síntese recair sobre essa forma universal das representações que o tempo é. Essa ligação transcendental da forma temporal do fenômeno, enquanto efeito do entendimento sobre a sensibilidade, é também chamada *síntese figurada (synthesis speciosa)* e se distingue da *síntese intelectual*, que é o ato mediante o qual o entendimento confere uma unidade à **síntese** da imaginação. Por outro lado, a categoria só é aplicável aos objetos da experiência na medida em que a imaginação a temporalize dotando-a de um **esquema**, que é uma determinação transcendental de tempo que confere à categoria uma eficiência cognitiva. Os **princípios** do entendimento puro são, então, o emprego das categorias esquematizadas, tais que possam ser aplicadas a objetos espaciais.

*** Faculdade intermediária entre a sensibilidade e o entendimento, a imaginação se aplica aos dois *a priori* que são o tempo e a categoria. Sintetizando a forma das representações, torna as categorias igualmente representáveis pela consciência ao temporalizá-las. Longe de ser uma faculdade enganadora, torna-se uma peça tão essencial na constituição da objetividade que houve quem visse nela a raiz da razão. Hegel vê na imaginação kantiana a unidade originária anterior à cisão sujeito-objeto, e Heidegger, uma lucidez única na filosofia, que consiste em enraizar a racionalidade na temporalidade e na finitude, antecipando assim a questão do ser e do tempo.

(*CR*, (A) AK IV 78-79, P1 1407-8, (B) AK III 119-22, P1 865-70).

Interesse

Fr.: *Intérêt*

* Princípio que contém a condição sob a qual uma capacidade do espírito é posta em exercício.

** Se os interesses *empíricos* concernem aos objetos, os da razão se voltam para os objetos submetidos à forma superior de uma faculdade. Enquanto o interesse *especulativo* concerne aos fenômenos na medida em que eles formam uma natureza sensível, o interesse *prático* concerne aos seres racionais como natureza suprassensível.

*** O interesse especulativo está subordinado ao interesse prático, e a fé racional permite unir esses dois interesses. Se todo interesse implica um conceito de fim, os fins que a razão especulativa descobre na natureza não são suficientes, pois o fato de ser conhecido não confere ao mundo um valor, e somente um propósito final permite considerar os seres racionais fins em si capazes de dar à natureza sensível um fim último a realizar, de modo que o conceito de **liberdade** realize seu fim no mundo sensível.

(*CR*, AK III 322-30, P1 1117-27; *FM*, AK IV 448-53, P2 318-24; *Cr*, AK V 134-46, P2 771-86; *CJ*, AK V 296-303, P2 1076-84).

Lei

Fr.: *Loi*

* Se, por meio de suas regras, o entendimento dá leis objetivas para a natureza, a razão prática dá para a **vontade** a lei de seu agir. Se uma *máxima* é um princípio subjetivo do querer, uma *lei prática* é um princípio objetivo desse querer.

** A lei prática é um *imperativo*. Contudo, cumpre distinguir entre imperativos *hipotéticos*, que são regras da habilidade ou conselhos da prudência, e o imperativo *categórico*, que é um mandamento da moralidade. A lei moral é tão somente a forma de uma legislação universal, pois toda matéria é necessariamente empírica. Ao se dar uma máxima que vale ao mesmo tempo como princípio de uma legislação universal, a vontade fica isenta de qualquer inclinação sensível e nada mais quer senão ela mesma, ou seja, a forma do querer. O imperativo categórico é, portanto, a lei de uma síntese pura prática, um enunciado sintético *a priori*, na medida em que a ação está vinculada *a priori* à vontade sem pressupor condições empíricas extraídas de uma inclinação.

*** Ao declarar a ação objetivamente necessária em si mesma independentemente de qualquer fim extrínseco, o imperativo categórico define o dever como necessidade de realizar uma ação por puro *respeito* pela lei. Trata-se de um **sentimento** prático puro: esse sentimento não deve ser empírico, ainda que constitua um móbil da razão prática. Embora a lei prejudique as inclinações sensíveis do amor-próprio, essa exclusão do sentimento é um sentimento cujo objeto exclusivo é a lei na medida em que ela "derruba a presunção". Portanto, o respeito é um sentimento moral produzido pela razão, e não pela sensibilidade, de sorte que nele se realize e se reconheça a **pessoa** moral.

(*FM*, AK IV 406-40, P2 266-309; *Cr*, AK V 19-32, 71-84, P2 627-45, 695-710).

Liberdade

Fr.: *Liberté*

* Ideia cosmológica de uma absoluta espontaneidade, resultante da elevação ao incondicionado da categoria de causalidade. Kant distingue dessa *liberdade transcendental*, que é a causalidade pensada absolutamente, a *liberdade prática*, que é a autonomia da **vontade**.

** A Ideia de liberdade dá lugar a uma antinomia da razão pura opondo causalidade determinada e causalidade livre. A solução reside na distinção fenômeno-coisa em si: pode-se considerar que um ato tenha ao mesmo tempo um *caráter empírico*, que faz que, como fenômeno, ele seja determinado, e um *caráter inteligível*, que permite considerá-lo livre. Por exemplo, no que concerne a uma mentira, pode-se considerá-la de um duplo ponto de vista: do ponto de vista empírico, ela será um efeito determinado por uma série de causas anteriores que remetem a uma causalidade que desculpa; mas, do ponto de vista inteligível, o mentiroso será considerado um sujeito livre, que, por seu ato, inaugura uma série de consequências que ele podia prever, remetendo a uma causalidade que acusa. A liberdade prática é, então, a liberdade efetiva própria do homem enquanto ser racional dotado de um caráter inteligível e capaz de fornecer a si próprio a lei de seu agir.

*** Kant pensa o problema da liberdade em termos de causalidade e faz dela a questão de fundo da filosofia, dizendo que a liberdade é a pedra angular de seu **sistema**. Em si mesma, a liberdade transcendental é incompreensível, motivo pelo qual ela é um postulado da razão prática. A liberdade prática é um fato da razão, da qual ele é mais uma provação que uma prova. A lei moral é *ratio cognoscendi* da liberdade, que é, ela mesma, *ratio essendi* da lei. Todo o problema do sistema consistirá no abismo que separa o **domínio** da natureza do domínio da liberdade. Caberá então à **faculdade de julgar** reflexionante estender uma ponte entre esses dois domínios.

(*CR*, AK III 362-77, P1 1167-86; *FM*, AK IV 446-8, P2 315-8; *Cr*, AK V 33, 103-6, 132, P2 647, 734-8, 769).

Mal

Fr.: *Mal*

* O bem e o mal são os únicos objetos da razão prática. A origem do mal não está no sensível e nas paixões, mas no caráter inteligível do homem.

** Ele é dito *radical*, pois tem uma origem racional e procede da liberdade. Perversão do princípio das máximas, ele é uma autonegação da liberdade que consiste numa mentira quanto às intenções.

*** Embora não proceda da animalidade, tampouco faz do homem um ser diabólico que procura o mal pelo mal. O fundamento do mal reside na tendência a enganar a si próprio por mentiras na interpretação da lei moral. Por isso a *mentira* é o paradigma do mal, pois há nela uma negação do imperativo categórico que consiste em simular a submissão a este último.

(*R*, AK VI, 19-56, P3 29-70).

Matemática

Fr.: *Mathématiques*

* A matemática é o conhecimento *a priori* obtido pela construção de conceitos no espaço (geometria) e no tempo (aritmética). Os juízos matemáticos são sintéticos e *a priori*.

** Convém distinguir o conhecimento matemático do conhecimento filosófico, que é um conhecimento racional por conceitos. O conhecimento matemático não pode servir de modelo para o conhecimento filosófico. Provando a força da razão quando consegue edificar um conhecimento *a priori* sem ter de se preocupar com a experiência, a matemática deu uma vã esperança ao metafísico. Este último, entusiasmado com essa atividade partenogênica da razão em que se podem construir objetos cuja única realidade é a idealidade deles, acreditou poder elevar-se mediante puros conceitos até o suprassensível, esquecendo que o matemático constrói seus conceitos nas formas puras da intuição.

*** A matematização de um saber é, no entanto, um critério de cientificidade e, em sentido estrito, só há ciência onde há matemática. A ciência da natureza é matemática, pois toda ciência é conhecimento *a priori* e, portanto, é possível expor os princípios metafísicos de uma ciência da natureza. Em compensação, a psicologia, que não é matematizável, não é uma ciência. Como indica Heidegger, o matemático tem um sentido bem mais amplo que a ciência matemática[1]. Ele designa a característica do saber moderno que faz com que só conheçamos *a priori* das coisas aquilo que nelas pomos, e qualifica o projeto da ciência moderna que decide de antemão o que o objeto deve ser para o sujeito que o pensa. Nesse sentido é que Kant fala de categorias, de princípios e de antinomias matemáticas. Trata-se sempre de saber como uma coisa é possível, independentemente do fato de saber se ela existe ou não. Como em matemática, só nos interessamos pela possibilidade dos objetos sem considerar sua existência empírica. Matemática opõe-se, portanto, a dinâmica assim como essência se opõe a existência.

(*CR*, AK III, 34-40, 63-4, 469-83, P1 765-72, 798-9, 1297-1316; *Pr*, AK IV 281-94, P2 48-64; *PPM*, AK IV, 470, P2 367).

1. Heidegger, M. *Qu'est-ce qu'une chose?* Paris: Gallimard, 1971.

Metafísica

Fr.: *Métaphysique*

* Conhecimento especulativo da razão pura que se eleva acima da experiência mediante puros conceitos, a metafísica é uma tendência natural e indestrutível própria da razão humana. Tem como objeto próprio três Ideias: Deus, a liberdade e a imortalidade.

** Kant retoma a distinção escolástica entre a metafísica geral (ontologia) e a metafísica especial (psicologia, cosmologia, teologia). Substituindo a ontologia por uma analítica do entendimento puro e destruindo a possibilidade da metafísica especial, divide a filosofia em uma **crítica** que é uma propedêutica e uma metafísica como conhecimento sistemático da razão pura. Esta se divide então em *metafísica da natureza*, concernente ao uso especulativo da razão, e em *metafísica de costumes*, concernente ao seu uso prático.

*** Não se trata de destruir a metafísica, mas de proceder a sua refundação destacando como problema de fundo da razão pura o da possibilidade dos juízos sintéticos *a priori*. Kant eleva assim a metafísica à dignidade de problema, na medida em que ela está enraizada na existência humana e em todo saber e em todo agir que a pressupõem. A filosofia transcendental tem portanto uma significação ontológica, pois determina o sentido do ser como objetividade. Essa redução da ontologia a uma teoria da objetividade permite concebê-la como fundamental, pois ela dá conta do modo de fenomenalização do ser sob forma de **objeto** para uma razão humana finita, isto é, atribuída às condições subjetivas da sensibilidade.

(CR, (A) AK IV 7-9, P1 725-8, (B) AK III, 39-42, 544-9, P1 772-6, 1391-8).

Método

Fr.: *Méthode*

* A *Crítica da razão pura* está dividida em *teoria transcendental dos elementos* e *teoria transcendental do método*. A primeira trata dos elementos do conhecimento *a priori* e constitui o cerne da obra, enquanto a segunda trata do método que permite determinar as condições formais de um sistema completo da razão pura.

** Essa metodologia compreende uma *disciplina*, um *cânone*, uma *arquitetônica* e uma *história* da razão pura. A **disciplina** trata da legislação negativa da razão e a arquitetônica das condições do **sistema**, enquanto o cânone constitui o conjunto dos princípios *a priori* para o uso legítimo de certas faculdades de conhecer. Por isso a lógica geral é um cânone para o uso da razão quanto à simples forma do raciocínio e a analítica transcendental é um cânone do entendimento puro. Como o conhecimento sintético da razão pura no seu uso especulativo é impossível, não pode haver cânone desse uso que seja dialético. O único cânone possível dirá respeito, portanto, ao uso prático da razão. Portanto, no seu uso moral, a razão contém princípios de ações que, em conformidade com os princípios morais, podem ser encontrados na história do homem.

*** No que concerne à história da razão pura, Kant propõe apenas um esboço de história filosófica da filosofia, sistematizando as filosofias segundo três jogos de oposições. Com relação ao objeto de nossos conhecimentos racionais, é possível opor os sensualistas (Epicuro) aos intelectualistas (Platão). Com relação à origem dos conhecimentos racionais opõem-se os empiristas (Aristóteles, Locke) e os noologistas (Platão, Leibniz). Com relação ao método, opor-se-ão método dogmático (Wolff) e método cético (Hume). A história da filosofia é, portanto, racional, ou seja, possível *a priori*, apresentando os fatos da razão extraídos não de um relato histórico, mas da própria razão a título de *arqueologia filosófica*. Assim, Kant abre a possibilidade da compreensão filosófica da história da filosofia tal como ela irá se realizar no idealismo alemão.

(*CR*, AK III 465-552, P1 1293-1402).

Nada
Fr.: *Rien*

* O conceito mais elevado da filosofia transcendental é o de um objeto em geral, que fundamenta a divisão em possível e impossível. Esse objeto é transcendental por ser transgenérico, precedendo a alternativa entre o alguma coisa e o nada e definindo a forma do pensável tal como ela se opõe ao impossível. Para decidir se um objeto é alguma coisa ou nada, pode-se, então, seguir a ordem das categorias.

** Segundo a quantidade, o nada é o *ens rationis*, o conceito vazio sem objeto, como os númenos, ou seja, simples possibilidades. Segundo a qualidade, o nada é o *nihil privativum*, o objeto vazio de um conceito, ou seja, o conceito da falta do objeto chamado alhures de *grandezas negativas*. Segundo a relação, o nada é o *ens imaginarium*, a intuição vazia sem objeto, ou seja, o espaço e o tempo como simples condições formais do objeto. Segundo a modalidade, o nada é o *nihil negativum*, o objeto vazio sem conceito, ou seja, o contraditório, o impossível puro e simples.

*** Ao fazer do espaço e do tempo figuras do nada, Kant quer dizer que essas formas dos objetos não são elas mesmas objetos. Fazem eco ao que Heidegger denominará o ser do ente, que não é ele mesmo um ente. Kant retoma aqui a questão que Leibniz considerava a questão de fundo da filosofia: "por que existe alguma coisa e não nada?". Já não se trata de responder a essa pergunta recorrendo a Deus e ao princípio do melhor, mas de mostrar em que a determinação do ser como objetividade do objeto faz que o nada seja exigido para pensar o ser.

(*CR*, AK III 232-3, P1 1010-11).

Natureza

Fr.: *Nature*

* Cumpre distinguir o *mundo* como conjunto matemático dos fenômenos, que repousa na agregação homogênea no espaço e no tempo, da *natureza* que é o mundo considerado como um todo dinâmico heterogêneo, que repousa na unidade da existência dos fenômenos. Cumpre então distinguir a *natureza formal*, que é o sistema de regras que fundamenta a unidade do objeto da experiência, da *natureza material*, que é o conjunto das coisas que podem ser objeto de nossos sentidos e da experiência.

** Já que existe uma afinidade transcendental que liga os fenômenos de maneira necessária, os fenômenos assim ligados constituem uma natureza. Essa natureza formal nada mais é que a ordem e a regularidade dos fenômenos, ou seja, um sistema de leis que condiciona a objetividade. Conjunto de condições, ela concerne à **experiência** possível e não à experiência real, e suas leis se efetuam nos juízos que são os **princípios** do entendimento puro. Esse conceito de natureza formal também permite que eu me sirva da lei universal da natureza como típica do juízo prático puro. A natureza material é o conjunto de fenômenos que se encadeiam universalmente para formar um todo que subsiste e é objeto da ciência que é a física. Sua unidade decorre de ela estar submetida às leis da natureza formal, ou seja, à legislação do **entendimento**.

*** Por outro lado, a natureza não é somente um conjunto de fenômenos e um sistema de leis, é também um *reino* subordinado a um propósito final. Por isso é possível elaborar uma cultura sobre o fundamento da natureza. Contudo, o progresso não pode ser natural, pois procede da liberdade que se opõe à natureza. Há, portanto, uma natureza do homem que consiste em disposições primitivas que só se desenvolvem na espécie e não no indivíduo. Moralmente neutra, essa natureza é constituída de paixões inatas, que dão lugar a conflitos intersubjetivos conforme o jogo contraditório da *insociável sociabilidade* como tendência equívoca a entrar na sociedade e a relutar a fazê-lo. A natureza é, nesse caso, um conjunto de virtualidades que somente a cultura pode atualizar, constituindo o ponto de articulação entre natureza e **liberdade**, o princípio de uma efetuação da segunda na primeira. Como a liberdade deve se efetuar na natureza, a natureza humana implica a liberdade na medida em que ela pode se realizar na **história**, de sorte que o fim da natureza, que fundamenta a cultura, coincida em parte com o da história, que é a destinação moral do homem na medida em que ela se realiza segundo as mediações do **direito** e da **religião**.

(*CR*, AK III 289-90, P1 1079-80; *Pr*, AK IV 296-97, P2 67-8).

Objeto

Fr.: *Objet*

* O objeto tem a dupla significação de fenômeno e de coisa em si, na medida em que pode ser considerado quer em si mesmo, independentemente do modo de intuí-lo, de modo que sua natureza permanece problemática, quer tendo em vista a forma de sua intuição, forma que deve ser procurada não no objeto ele mesmo, mas no sujeito para o qual ele aparecerá, sem deixar de pertencer ao fenômeno desse objeto. Os únicos objetos da experiência que nos é possível são os fenômenos.

** De modo geral, pode-se chamar objeto qualquer coisa ou mesmo qualquer representação de que tenhamos consciência.

Todavia, a significação desse termo no tocante aos fenômenos considerados já não como objetos, mas como designando um objeto, exige uma investigação aprofundada. A noção de objeto implica a ideia de algo que é dado e que se mantém frente a frente com relação a um sujeito. O objeto é um referente dotado de uma significação que deve ser constituída pelo sujeito cognoscente. Se o objeto é o que está dado, a objetividade é o que está constituído, estando o problema em estabelecer de que maneira as condições subjetivas do pensamento podem ter um valor objetivo. O conceito permite pensar o objeto e o juízo é a forma da objetividade, na medida em que ele é a maneira de levar conhecimentos dados à unidade objetiva da apercepção: portanto, as categorias tornam o objeto pensável e lhe conferem a forma da objetividade. O juízo sintético sai assim do sujeito e se dirige ao objeto, representando, diferentemente do juízo analítico, além do conceito do objeto, o objeto nele mesmo: sai-se do conceito para considerar algo diferente e exterior. O objeto em geral ou objeto transcendental nada mais é, então, que um momento do pensamento constitutivo da objetividade ou da objetividade do objeto, isto é, a forma da transcendência horizontal do objeto como tal. Logo, o objeto é algo determinado que se apresenta como uma unidade, e pode-se dizer que o objeto é "aquilo cujo conceito reúne a diversidade de uma intuição dada", reunião esta que exige a unidade da consciência como aquilo que constitui a relação das representações com um objeto, ou ainda, seu valor objetivo.

*** Kant é herdeiro da tradição da metafísica escolástica pós-suareziana[1]. Na esteira de Goclenius e de Clauberg, Wolff concebe a ontologia como ciência do ser ou do objeto em geral determinado como possibilidade. Embora Kant retome em seus cursos de metafísica a definição da ontologia como ciência das propriedades gerais de todas as coisas, concebe o ser como objetividade do objeto e substitui as propriedades gerais da coisa pelas estruturas do objeto em geral. O objeto que pode ser conhecido é aquele dado na intuição empírica e cuja objetividade tem de ser construída. Kant afirma então que cumpre substituir o nome pomposo de uma ontologia que pretende dar das coisas em geral um conhecimento sintético *a priori* pelo nome mais modesto de uma analítica do entendimento puro. Esta é a decomposição do conhecimento *a priori* nos elementos do conhecimento de entendimento. Não se trata de uma análise conceitual que visa estabelecer naturezas simples, mas de uma decomposição do poder do entendimento que permita explorar a possibilidade de conceitos *a priori*.

(*CR*, AK III, 17, 63, 111, 114, 168, 207; P1 746, 798, 856, 860, 926, 977).

1. Jesuíta espanhol, autor das *Disputationes metaphysicae*, F. Suarez (1568-1617) realizou uma síntese dos grandes temas da escolástica. Apesar de ter sido, como representante da escolástica tardia, um dos pilares intelectuais da Contrarreforma, influenciou fortemente a filosofia escolástica das universidades luteranas alemãs até Wolff.

Passagem
Fr.: *Passage*

* Noção central nos escritos dos últimos anos da vida de Kant, designados com o nome de *Opus postumum*, Kant projetava um livro intitulado *Passagem dos princípios metafísicos da ciência da natureza para a física* e tinha em vista constituir a física como um sistema, repensando certo número de conceitos fundamentais da filosofia transcendental.

** Trata-se de elaborar um sistema de mundo baseado na filosofia transcendental. Assiste-se então a um desdobramento da noção de fenômeno que ou é o que nos é dado empiricamente e que é físico, ou o dos objetos que colocamos *a priori* nele e que é metafísico. A respeito desse fenômeno metafísico indireto, Kant fala de "fenômeno do fenômeno", que dá conta da constituição do objeto: trata-se no caso de um objeto que é produto de nosso conhecimento. A questão transforma-se, então, na da autoafecção do sujeito constituindo o objeto. Essa autoafecção deve ao mesmo tempo ser entendida como autodeterminação, e é assim que a passagem da natureza para a liberdade pode se dar.

*** Quando se passa do objeto físico para a soberania do espírito, a razão se realiza como razão prática, e o imperativo categórico se torna afirmação de Deus. Deus, o mundo e o homem constituem a pedra angular da filosofia transcendental. Deus é entendido como um máximo qualitativo numenal sem limite, ao passo que o mundo é um máximo quantitativo fenomenal. Como o conceito de Deus é transcendente, ele não pode ser conhecido como um objeto sensível e parece ser possível reabilitar a prova ontológica. Quanto ao homem, ele é entendido como *cosmotheoros*, criando *a priori* os elementos do conhecimento do mundo com a ajuda dos quais ele constrói na Ideia a visão do mundo do qual ele é habitante. Assim, o homem é a um só tempo o sujeito e um dos elementos da filosofia transcendental. Prolongando a dedução no sentido de uma gênese e postulando o princípio de uma subjetividade que constitui a realidade, de sorte que a distância entre o pensado e o dado tenda a se reduzir, Kant anuncia o idealismo absoluto de seus sucessores.

(*OP*, AK XXI-XXII).

Pessoa

Fr.: *Personne*

* Esse termo designa os seres racionais na medida em que sua natureza os designa como *fins em si* que não podem ser simplesmente empregados como *meio*. Distingue-se a pessoa da *coisa*, designando os seres cuja existência depende da natureza e que só têm um valor de meios. Enquanto as coisas são simples *fins subjetivos*, as pessoas são *fins objetivos*, cuja existência tem um fim em si e nunca deve ser considerada um simples meio: embora sirva ou seja servida, a pessoa nunca deve ser servo de outra pessoa ou fazer de outra pessoa um servo.

** A raiz do dever é a personalidade que eleva o homem acima dele mesmo para fazer dele um propósito final e o membro de um reino dos fins. Nesse reino, tudo tem um *preço* como valor relativo ou uma *dignidade* como valor absoluto. O que tem um preço pode sempre ser substituído por algo equivalente: aquilo que se relaciona com as inclinações e as necessidades tem um *preço mercantil*, ao passo que aquilo que se relaciona com um gosto tem um *preço de sentimento* e o valor já não consiste em objetos de troca materialmente avaliáveis. O que tem uma dignidade é superior a qualquer preço e não admite equivalente. Somente a moralidade e a humanidade, enquanto capaz de moralidade, têm uma dignidade.

*** Essência da pessoa, a *personalidade* nada mais é que a **liberdade**. Kant distingue a disposição da animalidade como personalidade psicológica, a disposição da humanidade como personalidade transcendental e racional e a disposição da responsabilidade como personalidade moral. A primeira corresponde ao sujeito empírico e à determinação de animalidade. Para poder constituir a humanidade propriamente dita, exige como condição a segunda, que corresponde ao sujeito transcendental. Mas é na verdade a terceira que, correspondendo à moralidade, nos fornece a essência da pessoa. Com efeito, se o ser do eu não nos é dado pela **psicologia** e se o "Eu penso" é uma unidade formal, é porque a essência da subjetividade se realiza como **vontade** e autorresponsabilidade. Se a animalidade não basta para determinar a essência do homem, a humanidade e a racionalidade tampouco a esgotam, pois essa essência consiste para o sujeito moral em ir além dele próprio, a saber, para a personalidade como o que torna o homem capaz de se elevar acima de si próprio no agir moral e faz da razão uma sobrenatureza.

(*FM*, AK IV 428-29, 434-5, P2 293-5, 301-2; *Cr*, AK V 86-8, P2 713-5; *R*, AK VI 26-8, P3 37-9).

Princípios

Fr.: *Principes*

* Os princípios do **entendimento** puro são as regras de aplicação das categorias esquematizadas aos objetos da experiência, fundamentando os juízos sintéticos *a priori* ao determinar suas condições de uso e de validade. Os princípios *matemáticos* da quantidade e da qualidade concernem à essência dos objetos, ao passo que os princípios *dinâmicos* da relação e da modalidade concernem à sua existência.

** Os *axiomas da intuição* são os princípios da quantidade, segundo os quais todos os fenômenos têm uma grandeza extensiva no espaço e no tempo. As *antecipações da percepção* são os princípios da qualidade segundo os quais todos os fenômenos têm uma grandeza intensiva, um grau de intensidade. As *analogias da experiência* são os princípios da relação segundo os quais todos os fenômenos estão, quanto a sua existência, submetidos *a priori* a regras que determinam suas relações intratemporais. A primeira analogia estabelece o princípio da permanência da substância, que faz que todos os fenômenos contenham algo de permanente; a segunda analogia estabelece o princípio segundo o qual todas as mudanças se dão segundo a lei de ligação entre causa e efeito na ordem de sucessão que faz que o transcurso do tempo seja regrado; a terceira analogia estabelece que todas as substâncias, enquanto simultâneas, estão numa ação recíproca universal. Os *postulados do pensamento empírico* são os princípios da modalidade que determinam o modo de posição do objeto como possível, efetivo ou necessário.

*** Aplicação do esquematismo das categorias, os princípios permitem constituir os fenômenos em objetos. Passa-se assim do objeto = X a um objeto determinado segundo regras. Fica desse modo estabelecida a possibilidade de uma ciência da natureza. Os axiomas da intuição correspondem à foronomia cartesiana que define a possibilidade do movimento, as antecipações da percepção à dinâmica leibniziana que define a possibilidade da força, as analogias da experiência à mecânica newtoniana que elucida forças e movimentos efetivos. Quanto aos postulados do pensamento empírico, eles são os princípios da filosofia transcendental, nada agregando ao conteúdo dos fenômenos, mas definindo o modo como os formulamos, com a possibilidade correspondendo à posição de uma hipótese, a existência à de um fato e a necessidade à de uma lei. Notemos, por outro lado, que Kant diz também da **razão** que ela é a faculdade dos princípios. Todavia, enquanto o raciocínio de entendimento é um raciocínio imediato que extrai diretamente a conclusão do princípio, o raciocínio da razão é um raciocínio mediato ou silogismo, que exige um termo médio. Com esses princípios, a razão pode, então, unificar os conhecimentos de entendimento. Como o princípio supremo da razão é encontrar para o conhecimento condicionado de entendimento o incondicionado que arremate sua unidade, os enunciados resultantes desse princípio serão *transcendentes*, ao passo que o uso dos princípios do entendimento permanece sendo *imanente*.

(*CR*, AK III, 146-202, P1 899-970).

Psicologia

Fr.: *Psychologie*

* Kant mostra como uma psicologia racional, isto é, a ciência que pretende tratar da alma como unidade absoluta do sujeito pensante, é impossível. A única psicologia possível é a psicologia empírica, que não é uma ciência, é uma simples descrição das operações naturais do espírito.

** O silogismo categórico da razão produz a Ideia da alma como sujeito das representações, que dá lugar a paralogismos que visam estabelecer certas propriedades da alma. O *paralogismo da substancialidade* estabelece a alma como uma substância, admitindo que podemos nos conhecer como uma coisa em si. O *paralogismo da simplicidade* estabelece a alma como uma substância simples e o *paralogismo da personalidade* afirma a unidade do sujeito, definindo a pessoa como a identidade numérica de si. O *paralogismo da idealidade da relação exterior* propõe a existência do eu como independente do mundo exterior. Kant mostra que eu não posso aplicar a mim a categoria de substância e que, como o *Eu penso* é o único texto da psicologia racional, ser sujeito de minhas representações significa que há uma unidade lógica, mas não que existe uma substância. Embora o fato de dizer "Eu" implique de fato uma representação simples, essa simplicidade da representação não significa de forma nenhuma a da coisa representada. Embora, para afirmar a multiplicidade, seja de fato preciso afirmar a si mesmo como unidade, isso não implica a existência de uma substância única. Por fim, o fato de não precisar do mundo exterior para ter a ideia de eu mesmo não prova que não preciso do mundo exterior para existir, pois a consciência de si não pode se realizar sem referência à exterioridade.

*** Kant destrói, portanto, o sujeito da metafísica clássica mostrando que toda construção racional da alma é tautológica. Acompanhando a experiência para garantir sua unidade, o sujeito transcendental não dá nada. O que é dado como fenômeno é o eu-empírico, o eu-objeto que aparece para si através da intuição do tempo e que é constituído pelas determinações do sentido interno, único local de apreensão do psiquismo. Fica assim refutado o idealismo problemático de Descartes e encerrada a questão da união substancial entre alma e corpo, bem como o questionamento da realidade do mundo exterior – o que, para Kant, constitui o "escândalo da filosofia". Consequentemente, para perceber-se a si mesmo cumpre perceber o fenômeno exterior segundo a correlação entre sentido interno e sentido externo.

(*CR*, (A) AK IV 220-52, P1 1428-70, (B) AK III 262-81, P1 1046-69).

Razão

Fr.: *Raison*

* Se todo o nosso conhecimento começa pelos sentidos e passa pelo entendimento, ele termina na razão, faculdade suprema que procura para um condicionado a totalidade das condições, ou seja, o incondicionado. No seu *uso lógico*, ela é a faculdade de chegar à conclusão por meio de silogismos: quando o entendimento concebe uma regra (maior), é possível subsumir um conhecimento na condição da regra (menor) com a ajuda do juízo, para determinar o conhecimento pelo predicado da regra (conclusão) com a ajuda da razão. Desse uso lógico, distingue-se o *uso puro* segundo o qual, se o condicionado é dado, o incondicionado tem de sê-lo segundo um nexo sintético.

** Conferindo, em seu uso puro, uma extensão máxima e uma unidade sistemática aos conceitos da relação, a razão produz conceitos que ultrapassam a possibilidade da experiência e são denominados *Ideias transcendentais*. Estas existem em número de três: quando se considera a totalidade das condições sob as quais se pode atribuir a categoria de substância aos objetos da experiência, obtém-se a *Alma* como substância indeterminada; quando se considera essa totalidade de condições com relação à causalidade, obtém-se o *Mundo* como totalidade do determinável; quando ela é considerada com relação à comunidade ou todo da realidade, obtém-se *Deus* como Ideal de toda determinação. Enquanto conceitos aos quais não corresponde nada na intuição, as Ideias não possibilitam um uso constitutivo para o conhecimento, mas podem, contudo, a título de Ideias **reguladoras**, abrir um horizonte para se orientar no pensamento.

*** Ao sistematizar os atos do entendimento, a razão ultrapassa os limites da experiência. Por isso, no plano teórico, ela deve renunciar a legislar em favor do entendimento, que legisla exclusivamente no campo da experiência possível. Recupera seu poder no domínio prático ao determinar a vontade e ao elevar a faculdade de desejar à sua forma superior. Kant distingue o uso especulativo da razão de seu uso prático. Conhecendo não o que é, mas o que deve ser, a razão prática formula leis do agir, sendo dotada, assim, de uma causalidade. A razão pura é objeto de uma **crítica** que estabelece os limites de seu poder no tocante aos conhecimentos para os quais ela pode tender independentemente da experiência, não a partir dos livros e dos sistemas, mas determinado as fontes desse poder e sua extensão. A razão prática também é objeto de uma crítica, na medida em que o uso prático da razão não é necessariamente puro, mas pode ser técnico-pragmático: a finalidade da crítica é evitar que uma razão empiricamente condicionada possa pretender constituir por si só o princípio determinante da vontade.

(*CR*, AK III 238-62, P1 1016-46).

Reflexão

Fr.: *Réflexion*

* Estado de espírito que torna possível a descoberta das condições subjetivas que permitem chegar a conceitos, a reflexão é a consciência da relação entre as representações e nossas fontes de conhecimento. Trata-se de determinar se nossos conhecimentos pertencem ao entendimento ou à sensibilidade. Se a *reflexão lógica* é uma simples comparação entre representações, a *reflexão transcendental* fundamenta essa comparação remetendo as representações à faculdade da qual provêm.

** Os conceitos da reflexão são, segundo a quantidade, a *identidade* e a *diversidade*, segundo a qualidade, a *concordância* e a *oposição*, segundo a relação, o *interno* e o *externo*, segundo a modalidade, a *matéria* e a *forma*. Se chamarmos de *lugar transcendental* aquele atribuído a um conceito, chamaremos de *tópica transcendental* a determinação do lugar que convém a cada conceito, de modo a evitar a *anfibologia transcendental*, ou seja, a confusão do objeto do entendimento puro com o fenômeno.

*** Kant quer, assim, refutar a metafísica intelectualista de Leibniz que repousa na anfibologia dos conceitos da reflexão devido à confusão entre fenômenos e coisas em si. Na medida em que os fenômenos estão dados no espaço e no tempo, sua identidade não é simplesmente lógica, e é a diversidade de lugares que torna necessária a distinção dos objetos como fenômenos. No mesmo sentido, concordância e oposição não podem ser reduzidos ao simples princípio de não contradição, devido à existência das grandezas negativas. O interno tampouco pode constituir uma substância autônoma como a mônada, e não se pode intelectualizar as formas da sensibilidade. Por fim, a matéria é apenas o determinável e a forma, sua determinação, de sorte que a forma da intuição precede sua matéria.

(*CR*, AK III 215-32, P1 988-1010).

Regulador

Fr.: *Régulateur*

* Embora as Ideias da razão não permitam constituir um conhecimento do suprassensível, embora não tenham, portanto, um uso *constitutivo* que forneça conceitos de objetos, elas têm no entanto um uso regulador, que é o de dirigir o entendimento para um fim.

** Como as Ideias são conceitos problemáticos, elas fundamentam um uso hipotético da razão que não é constitutivo, no sentido de permitir deduzir a verdade da regra geral tomada como hipótese, mas regulador, na medida em que põe unidade nos conhecimentos e permite orientar o pensamento. Pode-se então dizer que a Ideia é um *conceito heurístico* e não um *conceito ostensivo*: ela não mostra como um objeto é constituído, mas como, sob a sua direção, devemos procurar o encadeamento dos objetos da experiência. Portanto, as Ideias da razão não são princípios constitutivos da extensão de nosso conhecimento para além da experiência, e sim princípios reguladores da unidade sistemática da diversidade do conhecimento empírico.

*** Fazer da Ideia de Deus um uso constitutivo dá lugar a dois maus usos da razão. O primeiro é a *razão preguiçosa*, que leva a considerar encerrada a investigação da natureza e a se crer dispensado da investigação das causas físicas dos fenômenos recorrendo aos decretos insondáveis da sabedoria divina. O segundo é a *razão invertida**, que leva a que, em vez de considerar a ideia da unidade sistemática final um princípio regulador, se faça dela um fundamento determinado de maneira antropomórfica, de sorte que fins são impostos à natureza de maneira autoritária em vez de se ater à investigação física. Logo, o conceito de fim não é passível de um uso constitutivo, ele é apenas um conceito regulador para a **faculdade de julgar** reflexionante teleológica.

(*CR*, AK III 427-42, P1 1247-66; *CJ*, AK V 467-74, P2 1277-86).

---

* *Raison renversée, verkehrten Vernunft, perversa ratio*, respectivamente em francês, alemão e latim. [N. da T.]

Religião

Fr.: *Religion*

* A religião é o conhecimento de nossos deveres enquanto mandamentos divinos. A *religião revelada* é aquela em que o mandamento divino fundamenta o dever, ao passo que a *religião natural* é aquela em que primeiro precisamos saber que algo é um dever para depois reconhecê-lo como mandamento divino. Para o racionalista, que tem de se manter dentro dos limites da inteligência humana, somente a religião natural é moralmente necessária. Contudo, ele não nega a possibilidade de uma revelação, pois a razão não pode decidir a esse respeito.

** A problemática religiosa parte da teoria do **mal** radical, como impotência moral de erigir suas máximas em leis universais. Radical não significa absoluto, significa enraizado no coração do homem, de sorte que o mal seja igualmente desenraizável. A teoria do mal conduz portanto a uma teoria da conversão e da graça, que permite repensar a religião revelada. A conversão é o restabelecimento em nós da disposição primitiva para o bem: ato intemporal do caráter inteligível, ela é, de acordo com o esquema evangélico, um novo nascimento, que deve no entanto se traduzir no tempo por um progresso contínuo. A graça nada mais é que a natureza do homem enquanto determinado a agir pela representação do dever. Pode-se assim conceber uma humanidade regenerada numa comunidade ética chamada *Igreja*, pressupondo a Ideia de um Ser moral superior. Assim como o estado de natureza é um estado de guerra nos moldes de Hobbes, o estado de natureza ética será um ataque permanente do mal contra o bem. Ora, se a passagem de um estado de natureza para um estado civil é a passagem para uma ordem jurídica coercitiva, por meio desta não é possível produzir um estado ético-civil, pois o **direito** não pode exigir a pureza da intenção moral.

*** Portanto, somente Deus pode reger uma comunidade ética num *reino dos fins* como ligação sistemática do seres racionais por leis comuns, que é um *Reino de Deus* em que a natureza e os costumes estão harmonizados. Essa Igreja invisível é a Ideia da união de todas as pessoas de bem sob um governo divino. Realiza-se empiricamente na Igreja visível que, diferentemente do Estado, deve ser uma associação livre e não coercitiva, e que deve sempre ser julgada em função das normas da pura religião moral. Por isso cumpre distinguir o culto falso do verdadeiro: se a verdadeira religião contém somente leis da razão e se as leis da Igreja visível são apenas leis contingentes que dão lugar a uma fé estatutária, o falso culto consistirá em considerar essa fé estatutária essencial. Subordina-se então a lei moral à observância dos estatutos bem como a necessidades oriundas do medo e do desejo, recriando-se assim as condições do mal radical.

(R, AK VI 137-41, 168-75, P3 167-173, 201-10).

Representação

Fr.: *Représentation*

* Trata-se de um termo genérico que designa tanto o que se apresenta como dado quanto a representação como **síntese** do diverso que se apresenta.

** Uma representação acompanhada de consciência é uma *percepção*. A *sensação* é uma percepção que remete ao sujeito como simples modificação de seu estado. Em contrapartida, uma percepção objetiva é um *conhecimento*. O conhecimento é uma *intuição* quando se refere imediatamente ao objeto e é singular. Ele é um *conceito* quando a ele se refere mediatamente por meio de um signo. Um conceito ou bem é *empírico* ou é *puro*. Um conceito puro é chamado *noção* ou *categoria*. Uma *Ideia* é um conceito da razão extraído de uma noção e que ultrapassa a possibilidade da experiência.

*** O kantismo passa de uma problemática da análise das representações para uma problemática da síntese que torna as representações possíveis. É porque a síntese é originária e fundamenta a análise que o problema já não é o de uma origem radical das coisas e de uma análise que conduz a um fundamento teológico da verdade, mas sim o da constituição transcendental da objetividade.

(*CR*, AK III 250, P1 1031).

Sensação

Fr.: *Sensation*

* Matéria do fenômeno, a sensação é a afecção da coisa em si sobre nossa sensibilidade.

** Embora seja empírica e nada possamos conhecer dela *a priori*, é contudo possível antecipar algo dela *a priori*. Empregando o grau de intensidade da sensação como esquematismo da qualidade, as *Antecipações da percepção* afirmam que todo grau de sensação exige uma passagem contínua a partir de um grau 0 e que a passagem da ausência de sensação para um grau X de sensação se dá no tempo. Como o tempo é contínuo, embora não seja, enquanto forma dos fenômenos, percebido em si mesmo, sua aprioridade formal deve de alguma maneira se temporalizar na matéria e, portanto, deve haver *a priori* não só na forma, mas também na matéria do fenômeno. Kant retoma o esquema leibniziano do cálculo infinitesimal e a ideia de que a percepção consciente é a integral dessas diferenciais que são as pequenas percepções. Há uma variação contínua de intensidade entre 0 e X, de sorte que cada sensação tenha uma quantidade intensiva pela qual ela preenche o tempo.

*** Admitindo-se que uma grandeza extensiva é uma grandeza divisível em unidades e que uma grandeza intensiva é uma integração de infinitesimais, que não pode se dividir em unidades, Kant quer mostrar que podemos antecipar *a priori* a matéria do fenômeno, pois, devido à continuidade do tempo, há um tempo entre o grau 0 e o grau X que não pode ser vazio. É quando mais nos aproximamos do idealismo absoluto: a matéria se tornaria dedutível do sujeito, pois a percepção consciente pressupõe a síntese dos infinitesimais, e a síntese das diferenciais da sensação nada mais é que uma operação de integração própria da consciência. Contudo, Kant conserva a ideia de que as diferenciais não são constituídas pelo sujeito, derivadas da atividade do eu, mas são encontradas passivamente e remetem à coisa em si. Vemos, portanto, que o que separa Kant do idealismo absoluto é a diferença fenômeno – coisa em si, a **coisa em si** definindo a matéria de todos os objetos.

(*CR*, AK III 151-8, P1 906-14; *Pr*, AK IV 309, P2 83).

Sensibilidade

Fr.: *Sensibilité*

* Faculdade que nos dá os objetos, que se caracteriza por sua *receptividade* e se opõe ao **entendimento**. Ela nos dá uma representação que é uma *intuição* singular que se refere imediatamente a um objeto de experiência. Admitindo-se que a **sensação** seja a impressão do objeto sobre nossa sensibilidade e que a intuição que se refere ao objeto por meio da sensação seja dita *empírica*, irá se chamar *fenômeno* o objeto indeterminado de uma intuição empírica.

** Convém distinguir no fenômeno a *matéria* correspondente à sensação e a *forma*, que permite coordenar o diverso material na intuição. Se a matéria é empírica, a forma é *a priori*. As formas puras da sensibilidade são o *espaço*, forma do *sentido externo*, e o *tempo*, forma do *sentido interno*. Espaço e tempo não são nem propriedades das coisas, nem relações, mas essa forma *a priori* do fenômeno de ordem sensível e não conceitual. Pode-se afirmar simultaneamente a *idealidade transcendental* e a *realidade empírica* dessas formas puras, na medida em que elas não são algo perceptível, mas tornam possível um conhecimento objetivo: embora eu perceba bem as coisas no espaço e no tempo, nunca percebo essas formas como tais.

*** Kant rompe com a concepção leibniziana, para a qual o sensível é um inteligível confuso. Há uma especificidade do sensível irredutível à ordem lógico-conceitual, que decorre de seu caráter de formalidade, do fato de existir o sensível não sensível. Inverte-se assim a relação tradicional entre a forma e a matéria: enquanto a metafísica clássica propõe substâncias (matéria) para as quais o fato de parecer (forma) é inessencial, para Kant a forma é primeira, espaço e tempo sendo a condição de manifestação das coisas para nós. Portanto, o fenômeno já não é uma aparência, é uma aparição originária. O parecer deixa de ser redutível a uma **aparência**, e é possível dizer com G. Granel "que parecer não é uma aventura do ser, que o real só pode ser pensado como o ser inaparente do qual o sensível seria, à maneira de Leibniz, o simples desenvolvimento", que ele é, portanto, uma primitividade do parecer, que implica a "promoção ontológica do sensível"[1]. Kant inaugura, assim, as perspectivas que serão aquelas da fenomenologia. A velha disjunção dogmática entre essência e aparência será substituída pela conjunção da aparição com sua condição formal.

(CR, AK III 49-51, P1 781-4).

1. Granel, G. *L'équivoque ontologique de la pensée kantienne*. Paris: Gallimard, 1970, pp. 70-3.

Senso comum

Fr.: *Sens commun*

* Caracteriza a faculdade de julgar reflexionante que leva em conta o modo de representação de qualquer outro homem, de sorte que seu juízo esteja vinculado à razão universal. O senso comum não é uma faculdade particular, é o princípio de uma relação entre as faculdades.

** As máximas do senso comum são a do *pensamento sem preconceitos* (pensar com a própria cabeça), a do *pensamento alargado* (pensar pondo-se no lugar de qualquer outro), a do *pensamento consequente* (pensar em acordo consigo mesmo). Se a primeira dessas máximas é a do entendimento e a segunda, a da faculdade de julgar, a terceira é a da razão.

*** Pode-se considerar que o juízo é um dom natural que define o bom senso, cuja falta não pode ser compensada por nenhum ensinamento. Essa falta se chama *estupidez* e consiste na incapacidade de aplicar regras aos casos particulares, apesar de não excluir nem a instrução nem a erudição. É o caso de médicos ou homens de Estado que conhecem regras gerais mas podem ser incapazes de aplicá-las corretamente. Se o bom senso é a aptidão para refletir, o senso comum é um princípio subjetivo que é a condição da comunicabilidade e caracteriza o resultado do acordo *a priori* entre as faculdades. O senso comum lógico exprime o acordo entre as faculdades sob a legislação do entendimento. O senso comum moral é o acordo do entendimento com a razão sob a legislação desta, de sorte que a lei moral repouse sobre o uso mais comum da razão e seja acessível a todos. O senso comum estético é uma harmonia subjetiva das faculdades, de sorte que um princípio subjetivo determine o que apraz ou não apraz por sentimento e não por conceito, embora de maneira universalmente válida.

(*CR*, AK III 131-3, P1 880-3; *Cr*, AK V 37-39, P2 652-4; *CJ*, AK V 294-6, P2 1072-5).

Sentimento

Fr.: *Sentiment*

* Diferentemente da sensibilidade, o sentimento não é uma faculdade de conhecer e não pertence *stricto sensu* à filosofia transcendental, que só se ocupa de conhecimentos *a priori*. Somente a experiência decide sobre o que é bom ou ruim, e o *sentimento de prazer ou de dor*, enquanto receptividade do sentido interno, é a propriedade do sujeito em relação à qual essa experiência ocorreu.

** Diferentemente da sensação, que pode se tornar objetiva quando é pensada pelo entendimento, o sentimento permanece puramente subjetivo: a cor do vinho é objetiva, seu gosto permanece subjetivo. Prazer e dor são os elementos subjetivos da representação que não podem em nenhum caso se tornar conhecimento, ainda que possam ser efeito dele. Todavia, é possível falar de um sentimento puro no tocante ao respeito na medida em que ele é produzido pela razão. Embora a noção de sentimento intelectual seja contraditória, pode-se considerar um princípio intelectual do sentimento.

Isso é o que explica que o respeito não se refira verdadeiramente nem ao prazer nem à dor. Reduzindo todos os pendores sensíveis, que têm como fundamento o sentimento, ele produz um sentimento puro conhecido *a priori* pela razão.

*** É com o juízo estético que a faculdade de julgar estabelece princípios *a priori* para o sentimento. Porque pode refletir o estado de prazer ou de dor do sujeito, ela torna o sentimento comunicável. O *gosto* é a **faculdade de julgar** por prazer mediante o sentimento e não por conceitos. Nesse prazer de julgar, o juízo sobre o objeto precede o sentimento de prazer, na medida em que este é tido como universalmente válido. Logo, a estética já não é apenas a teoria das puras formas da determinação de uma experiência universal, mas também a teoria das puras formas da reflexão de uma experiência singular e comunicável.

(*CR*, AK III 56, P1 790; *Cr*, AK V 77, P2 702; *CJ*, AK V 211--9, P2 967-78).

Síntese

Fr. *Synthèse*

* Ato de ligar uma à outra diversas representações para compreender sua diversidade sob um conhecimento. A representação é conhecimento na medida em que é síntese ou ligação de um diverso dado. A síntese pode ser empírica (juízo *a posteriori*) ou pura (juízo sintético *a priori*).

** A síntese empírica sempre pressupõe como condição uma síntese pura e, partindo da primeira, pode-se chegar à segunda. A intuição já é em si mesma uma síntese, na medida em que sua forma espaçotemporal implica uma coordenação da matéria do fenômeno. Kant fala de *synopsis* do diverso ou de *síntese da apreensão na intuição* para designar a forma elementar da ligação do presente, ou seja, da recepção da copresença espacial do dado na sucessão temporal. Essa recepção supõe uma compilação que permita reproduzir a forma temporal articulando o presente ao passado: é esta a função da *síntese da* *reprodução na imaginação.* A associação dos fenômenos não se dá ao acaso e a afinidade empírica deles tem como condição uma afinidade transcendental, de sorte que a imaginação transcendental faça com que sua síntese se aplique não ao conteúdo, mas à sua forma temporal. Enfim, essa síntese deve ser unificada pelo entendimento e ela é, portanto, *síntese da recognição no conceito* constituindo o futuro como reprodutibilidade infinita da objetividade.

*** A síntese é, com efeito, operada pela **imaginação** pura e se aplica ao tempo, com o entendimento se contentando em garantir a unidade dessa síntese. Essa unidade da síntese de tempo é um conceito que permite construir os fenômenos. O conceito está assim ligado à *unidade originariamente sintética da apercepção* que é a consciência, ou seja, o conjunto das estruturas categoriais do entendimento de que o conceito é o ato. As três sínteses pressupõem-se uma à outra e se realizam na unidade originariamente sintética da apercepção. Por outro lado, se a imaginação opera a síntese e se o entendimento garante sua unidade, cabe à razão pensar a sua totalidade, na medida em que ela busca o incondicionado da *síntese categórica* num sujeito (alma), o da *síntese hipotética* dos membros de uma série (mundo) e o da *síntese disjuntiva* das partes num sistema (Deus).

(*CR*, (A) AK IV 77-94, Pl 1406-28; (B) AK III 91-2, 107-110, Pl 832-3, 851-5).

Sistema

Fr.: *Système*

* Designa a unidade de diversos conhecimentos sob uma Ideia: a *arquitetônica* é a arte dos sistemas, ou seja, a teoria do que há de científico em nosso conhecimento, admitindo-se que a unidade sistemática converte o conhecimento vulgar em ciência.

** A razão é a faculdade do sistema que torna sistemáticos todos os atos do entendimento. O **interesse** da razão tem, pois, como objetivo trazer a lume a unidade mais elevada possível do conjunto dos conhecimentos. Enquanto análise de todo o conhecimento humano *a priori*, a filosofia transcendental é o sistema da razão pura. Esse sistema é determinado pelos conceitos supremos que são Deus, o mundo e o homem como portadores de unidade e de finalidade, de sorte que se possa dizer que a **filosofia** é a *teleologia rationis humanae*. Ele é um sistema da liberdade, que é a pedra angular do sistema.

*** Trata-se de pensar em definitivo a unidade entre a natureza e a liberdade, na medida em que um imenso abismo se abriu entre esses dois domínios no final das duas primeiras *Críticas*. A *Crítica da faculdade do julgar* visa, pois, conferir uma unidade sistemática à filosofia por intermédio do juízo reflexionante. Todavia, a limitação crítica da razão faz com que, embora ela tenda à unidade sistemática, essa unidade permaneça sendo uma Ideia reguladora e o conhecimento do Absoluto continue impossível. Caberá ao idealismo alemão transgredir as limitações kantianas, abolindo a diferença fenômeno-coisa em si e convertendo o reflexionante em determinante, a fim de construir o conceito de um Saber Absoluto.

(*CR*, AK III 538-49, P1 1384-98; *CJ*, AK V 195-7, P2 952-5).

Soberano bem

Fr.: *Souverain Bien*

* União da *felicidade*, que, enquanto ideal da imaginação empírica, visa à satisfação dos pendores sensíveis, com a *virtude*, que é o que torna digno ser feliz.

** A felicidade e a virtude são dois elementos distintos, cuja união não pode ser produzida analiticamente, apenas sinteticamente. A antinomia da razão prática afirma, por um lado, que a busca da felicidade produz um princípio de intenção virtuosa e, por outro, que a intenção virtuosa produz a felicidade. Se a primeira asserção é falsa, devido ao fato de que a felicidade não tem nada a ver com a virtude, a segunda só é falsa se admitirmos a existência no mundo sensível como o único modo de existência do ser racional. Pode-se, portanto, admitir uma ligação entre felicidade e virtude no nível suprassensível. Como sempre em Kant, a resolução de uma antinomia repousa na distinção entre o fenômeno e a coisa em si. Resulta daí uma primazia da razão prática sobre a razão especulativa, com a moralidade sendo a efetuação do suprassensível no sensível, que autoriza a postular, segundo uma fé racional, que há uma alma imortal que garante um progresso prático indefinido e um Deus como causa suprema da natureza, cuja causalidade também é conforme à intenção moral.

*** Kant rompe com a concepção que fazia da moral a busca da felicidade. Não se pode fundamentar a moral na felicidade, pois não existe lei universal e necessária desta última. Deve-se, portanto, fundamentar a moral numa lei da razão. Realiza-se assim a revolução copernicana no domínio moral: já não é a lei que deriva do bem, mas o bem que se rege pela lei. A partir daí, submeter-se à lei da razão é agir livremente, na medida em que se trata de uma **lei** que o ser racional dá a si mesmo sem depender de nenhum móvel exterior ou de nenhum pendor sensível. Assim, o cumprimento do dever é a prova da **liberdade**.

(*CR*, AK III 522-31, P1 1364-76; *Cr*, AK V 110-9, P2 742-54).

Sublime

Fr.: *Sublime*

* Esse sentimento é experimentado diante daquilo que excede toda forma, apresentando a natureza como imensidade (sublime *matemático*) ou força (sublime *dinâmico*).

** A imaginação, ilimitada em sua capacidade de *apreensão sucessiva*, vê-se então confrontada com a limitação de sua *compreensão simultânea*. Enfrenta assim a razão que unifica num todo o mundo sensível. O acordo das faculdades experimentado no belo é substituído por um desacordo entre a força da imaginação e a exigência da razão. O sublime é um modo imediato e negativo de apresentação do suprassensível. Dele resulta um prazer negativo, pois a harmonia se realiza numa dor que torna possível o prazer, já que a razão e a imaginação só podem se acordar numa tensão.

*** A uma estética do belo, que é uma estética clássica da forma, vem se agregar uma estética romântica do infinito e do informe. Apresentando o suprassensível na infinidade ou na fúria da natureza, o sublime é um sentimento que nos faz apreender simultaneamente a impotência de nossa imaginação para dar uma representação adequada da Ideia da razão e o caráter suprassensível de nosso destino. É possível coisas serem belas sem serem sublimes e vice-versa. Kant abre assim a possibilidade de uma estética que integre a feiura ou o informe. Não são os objetos da natureza que são sublimes em si mesmos, e sim as Ideias que eles despertam em nós: nem o céu estrelado nem o espetáculo dos elementos em fúria são em si mesmos sublimes, o sublime está em nós no acordo discordante da razão e da imaginação, em que o homem se mede com a natureza para nisso descobrir sua própria superioridade. Por isso o sentimento do sublime simboliza o respeito que temos pela lei moral e por nosso próprio destino suprassensível.

(*CJ*, AK V 244-278, P2 1009-53).

Teologia

Fr.: *Théologie*

* Conhecimento do Ser supremo, a teologia ou bem é racional ou bem revelada. A teologia racional pode ser uma *teologia transcendental*, que concebe seu objeto por meio da razão pura com a ajuda de conceitos transcendentais: quando deriva seu objeto da experiência em geral, ela se chama *cosmoteologia*, ao passo que, quando crê poder conhecer a existência de Deus por meio de puros conceitos, sem recorrer à experiência, ela é denominada *ontoteologia*. Pode também ser uma *teologia natural*, que conclui a existência de Deus da ordem e da unidade do mundo, no qual cumpre admitir ao mesmo tempo a natureza e a liberdade: caso se eleve a Deus como princípio de ordem e de perfeição no domínio da natureza, ela é uma *teo-*

logia física, ao passo que, se a ele se elevar considerando-o fundamento de uma ordem e de uma perfeição moral, ela é uma *teologia moral*. Todo aquele que apenas admite uma teologia transcendental é um *deísta* que só admite uma causa suprema, ao passo que todo aquele que aceita a teologia natural é um *teísta*, que crê num Deus vivo.

** Kant recusa a possibilidade de qualquer teologia racional, pois o uso dos princípios sintéticos do entendimento só pode ser imanente, ao passo que o conhecimento de Deus exige um uso transcendente desses princípios. Ele distingue três provas da existência de Deus. A *prova cosmológica* prova Deus partindo da contingência do mundo que requer um ser necessário: ela supõe que, por que algo existe, há um ser necessário; ora, nada permite dizer que esse ser necessário seja Deus, pois poderia igualmente ser o mundo como um todo. A *prova físico-teológica*, que pretende deduzir a existência de Deus da contemplação da ordem do mundo, na verdade se reduz à precedente, pois dizer que o mecanismo não basta para criar uma ordem equivale a dizer que o que existe não pode ter se criado a si mesmo. De fato, essas duas provas podem se reduzir à prova *a priori* que Kant batiza de *prova ontológica* e que consiste em deduzir a existência de Deus de sua essência. Ela pretende que Deus existe, porque, sendo o ser mais perfeito, a seu conceito necessariamente pertence a existência. Ora, ao dizer que o ser não é um predicado real, uma determinação da essência, que a existência não é uma perfeição, Kant destrói essa prova.

*** A destruição da teologia racional apenas confirma o fato de que a ordem da **existência** e a ordem do conceito são irredutíveis, que não existe conceito intuitivo e que não se pode deduzir uma existência necessariamente empírica de um conceito. A única teologia possível de ser considerada é uma teologia moral, determinando do ponto de vista prático a Ideia de um Deus moral como objeto de crença e postulado da razão prática. Kant é o primeiro pensador da morte de Deus. Contudo, a Sexta-Feira Santa especulativa da teologia racional é seguida da Páscoa da razão prática, Deus ressuscitando na forma do Deus moral. Nietzsche poderá então denunciar o sucesso de Kant como um sucesso de teólogo. Contudo, o que fica definitivamente liquidada é a metafísica tradicional e, com ela, a ideia de uma transcendência vertical fundadora da verdade. Uma problemática da origem radical das coisas é substituída por uma problemática da constituição transcendental subordinada à transcendência horizontal do transcendental. A partir daí, o que aparece em primeiro plano é a finitude da razão humana.

(*CR*, AK III 393-426, P1 1204-46; *Cr*, AK V 134-41, P2 771-81; *CJ*, AK V 437-85, P2 1240-98).

Transcendental

Fr.: *Transcendental*

* Qualifica um conhecimento que concerne não a objetos, mas a nossos conceitos *a priori* dos objetos, a nosso modo de conhecer os objetos enquanto possível *a priori*. O transcendental designa um uso *a priori* do conhecimento e explica como é possível uma necessária submissão dos objetos a conceitos puros bem como uma aplicação desses conceitos aos objetos.

** O campo do transcendental coincide com o das condições de possibilidade. A *estética transcendental* é a ciência das formas puras da sensibilidade, do espaço e do tempo enquanto condições *a priori* sob as quais intuímos os fenômenos. À simples *lógica formal* concernente à validade formal dos enunciados acrescenta uma *lógica transcendental*, que não faz abstração do conteúdo do conhecimento, mas trata da relação *a priori* com objetos, determinando a origem, a extensão e o valor objetivo dos conhecimentos *a priori*. Essa lógica subdivide-se em *analítica transcendental* e *dialética transcendental*. Se a primeira trata dos conceitos e dos princípios do **entendimento** puro, decompondo assim em seus elementos e regras de aplicação o conjunto de nosso conhecimento *a priori*, a segunda trata da **aparência** transcendental resultante de um uso ilegítimo dos conceitos do entendimento e dos princípios de seu uso. Portanto, somente um *uso empírico* desses conceitos é legítimo, ao passo que todo *uso transcendental*, que extrapole os limites da experiência possível, deve ser proscrito. Transcendental qualifica, portanto, certo uso não empírico dos conceitos puros e se torna sinônimo de transcendente. Por isso é que Kant distingue *princípios imanentes*, cuja aplicação se mantém dentro dos limites da experiência, de *princípios transcendentes*, que extrapolam esses limites.

*** Kant denomina sua filosofia *idealismo transcendental*, na medida em que ela afirma que conhecemos apenas fenômenos, tal como são dados segundo as condições de nossa subjetividade finita aplicada às formas espaçotemporais, não as coisas em si. Esse idealismo é um *realismo empírico*, pois não questiona a realidade do mundo exterior e a existência da matéria ao modo de Descartes e de Berkeley, e tampouco degenera em um fenomenismo que corroa os fundamentos da objetividade ao modo de Hume. O idealismo transcendental vale, portanto, não só como uma refutação do empirismo, mas também como uma refutação do idealismo, pois toda percepção nos remete à de um fenômeno espacial, que por sua vez remete à coisa em si. Se entendermos por transcendente o que está além da experiência, o transcendental, embora não derive da experiência e seja *a priori*, só tem sentido se se referir à experiência, designando a transcendência horizontal que constitui a objetividade do objeto. Dirigindo-se a Hamann e recusando qualquer uso transcendente dos princípios do conhecimento, Kant lhe diz que não passa de um "pobre filho da terra"[1]. Pode-se dizer que o transcendental designa a imanência da transcendência na terra, com Kant descobrindo antes de Nietzsche o que Zaratustra ensinará como o "sentido da terra".

(*CR*, (A) AK IV 232-8, P1 1442-52; (B) AK III 78, P1 816).

1. Carta de 6 de abril de 1774.

Vontade

Fr.: *Volonté*

* Faculdade de se determinar a agir conforme a representação de algumas leis, a vontade é dita *heterônoma* quando é determinada por móbiles sensíveis e *autônoma* quando é determinada pela **lei** moral. A autonomia da vontade é o princípio de todas as leis morais e de todos os deveres.

** A razão prática é a **faculdade** capaz de legislar na faculdade de desejar, de sorte que esta, atingindo sua forma superior, encontre sua determinação em si mesma e seja uma vontade autônoma. A *boa vontade* é a vontade apta a dar a si própria a lei de seu agir independentemente de qualquer móbile sensível, não querendo nada mais senão a forma pura de sua própria legislação. Para um ser racional finito, a vontade pode ser *pura*, isto é, livre, independente dos móbiles sensíveis, mas não *santa*, pois tal ser é *patologicamente afetado*, ou seja, submetido a pendores sensíveis. Isso é o que explica o conflito entre a moralidade e a felicidade na antinomia da razão prática, com o cumprimento do dever não sendo necessariamente agradável para um ser dotado de um caráter empírico e submetido a inclinações sensíveis.

*** Parece, pois, que o desejo de ser feliz já não é o único desejo do homem, nem seu desejo mais profundo, ainda que a felicidade seja uma aspiração legítima, e que até seja um dever trabalhar por ela na medida em que ela pode favorecer a moralidade. Assiste-se, assim, a uma emancipação da vontade com relação ao desejo, em que se trata "de aprender a desejar ou a querer de outro modo"[1]. Com efeito, o que conta já não é o objeto do querer, mas a maneira como queremos. Kant nos possibilita distinguir entre uma maneira e uma matéria da vontade: não me diz o que queres, diz-me antes como o queres, qual é teu estilo de vontade. Enquanto a vontade fica determinada a desejar pela representação do objeto do desejo, ela permanece dependente da representação desse objeto. Em contrapartida, o formalismo da vontade faz com que a vontade determinada tão somente pela forma da lei nada mais queira senão ela mesma e seu eterno retorno, tornando-se assim vontade de vontade. Com razão H. Birault sublinha tudo o que em Kant já aponta para Nietzsche: a vida passa a não ter outro valor senão aquele que o homem lhe dá, e o dever é essa grande saúde da vontade no sentido em que *valere* significa tanto valer quanto estar bem, ter saúde (*valetudo*)[2].

(*CR*, AK III 363-68, P1 1167-74; *FM*, AK IV 393-5, P2 250-2; *Cr*, AK V 30-3, P2 643-8).

1. Birault, H. *Heidegger et l'expérience de la pensée*, Paris: Gallimard, 1978, p. 189.
2. *Ibid.*, pp. 127 ss.

LISTA DOS TERMOS EM PORTUGUÊS

A priori 11
Antinomia 12
Antropologia 13
Aparência 14
Apercepção 15
Arte 16
Belo 18
Coisa em si 19
Crença 20
Crítica 21
Dedução 22
Direito 23
Disciplina 24
Domínio 25
Entendimento 27
Esclarecimento 28
Esquema 29
Existência 30
Experiência 31
Exposição 32
Extravagância 33
Faculdade 34
Faculdade de julgar 35
Filosofia 37
Finalidade 38
Grandezas negativas 39
Hipotipose 40

História	41
Ideal	42
Imaginação	44
Interesse	45
Lei	45
Liberdade	46
Mal	47
Matemática	48
Metafísica	49
Método	50
Nada	51
Natureza	52
Objeto	53
Passagem	55
Pessoa	56
Princípios	57
Psicologia	59
Razão	60
Reflexão	62
Regulador	63
Religião	64
Representação	65
Sensação	66
Sensibilidade	67
Senso comum	68
Sentimento	69
Síntese	70
Sistema	71
Soberano bem	72
Sublime	73
Teologia	74
Transcendental	76
Vontade	78

LISTA DOS TERMOS EM FRANCÊS

Anthropologie 13
Antinomie 12
Aperception 15
Apparence 14
A priori 11
Art 16
Beau 18
Chose en soi 19
Critique 21
Croyance 20
Déduction 22
Discipline 24
Domaine 25
Droit 23
Entendement 27
Existence 30
Expérience 31
Exposition 32
Extravagance 33
Faculté 34
Faculté de juger 35
Finalité 38
Grandeurs négatives 39
Histoire 41
Hypotypose 40
Idéal 42
Imagination 44

Intérêt 45
Liberté 46
Loi 45
Lumières 28
Mal 47
Mathémathiques 48
Métaphysique 49
Méthode 50
Nature 52
Objet 53
Passage 55
Personne 56
Philosophie 37
Principes 57
Psychologie 59
Raison 60
Réflexion 62
Régulateur 63
Religion 64
Représentation 65
Rien 51
Schème 29
Sensation 66
Sens commun 68
Sensibilité 67
Sentiment 69
Souverain Bien 72
Sublime 73
Synthèse 70
Système 71
Théologie 74
Transcendental 76
Volonté 78